LE LIVRE BOUDDHISTE
DE LA SAGESSE ET DE L'AMOUR

Le dix-septième Gyalwa Karmapa
TRINLEY THAYÉ DORDJÉ

LE LIVRE BOUDDHISTE DE LA SAGESSE ET DE L'AMOUR

Pensées recueillies par
Gilles Van Grasdorff

Michel LAFON

7-13, boulevard Paul-Émile Victor - Île de la Jatte
92521 Neuilly-sur-Seine Cedex

Car tu étais,

Ayant tout à souffrir, celui qui ne souffre pas,

Acceptant aussi uniment les coups du sort

Que ses quelques faveurs. (...)

Que l'on me montre un homme

Qui ne soit pas l'esclave des passions, je le garderai

Au profond de mon cœur, dans ce cœur du cœur

Où je te garde (...)

Hamlet à son ami Horatio.
SHAKESPEARE

Ce livre est le fruit d'entretiens menés avec Gilles Van Grasdorff.

Puissent, grâce à cet ouvrage, beaucoup d'êtres prendre connaissance de l'excellent chemin de l'enseignement du Bouddha et trancher alors l'enchevêtrement de leurs doutes.

Ainsi le Dharma, cause unique d'accomplissement d'un bien-être total, pourra-t-il se répandre, s'accroître et demeurer longtemps pour le bienfait de tous les êtres.

Fait à New Delhi à l'Institut bouddhiste international Karmapa, le 28 octobre 2000, avec l'intention et le souhait que tous puissent obtenir la connaissance de l'amour et jouir de la richesse, de la félicité et du bonheur du Dharma.

Le Karmapa TRINLEY THAYÉ DORDJ

HIS HOLINESS
THE GYALWA KARMAPA

༄༅། །ཇོམས་ཀྱི་མི་ཚེའི་གནས་ཚུལ་ཁག་ཅིག་དང་ཆོས་དོན་སྐོར་ སྐུ་ཞབས
ཕུན་སླར་སི་ཇོ་གྷ་དང་དྲི་བ་དང་དྲི་ལན་གྱི་ལམ་ནས་ཕྲན་བུ་བརྗོད་པའི་དེབ་ཐེར་འདི་ལ
བརྟེན་ནས་ སྐྱེ་འགྲོ་མང་པོའི་རྒྱུད་ལ་ཡང་དག་ལམ་གྱི་སྣང་བ་ཐོབ་པ་དང་ ཐེ་ཚོམ
གྱི་དྲྭ་བ་ཆོད་པ་དེ་ཡི་མཐུས་ འཇིག་རྟེན་ན་ཕན་བདེ་མ་ལུས་པ་འབྱུང་བའི་རྒྱུ་གཅིག་པུ
རྒྱལ་བའི་བསྟན་པ་རིན་པོ་ཆེ་དར་རྒྱས་ཡུན་དུ་གནས་པ་དང་ སྐྱེ་དགུའི་རྒྱུད་ལ་བྱམས
བརྩེའི་སྣང་བ་ཐོབ་ཅིང་བདེ་སྐྱིད་ཆོས་འབྱོར་གྱི་དཔལ་ལ་ལོངས་སྤྱོད་ཐུབ་པའི་སྨོན་འདུན
བཅས་རྒྱ་གར་རྒྱལ་ས་ལྡི་ལི་གསར་པ་ ཀརྨ་པའི་རྒྱལ་ཡོངས་ནང་པའི་གཙུག་ལག་སློབ
གཉེར་ཁང་ནས་ སྤྱི་ལོ་ ༢༠༠༠ ཟླ་ ༡༠ ཚེས་ལ་ ༢༨

ཀརྨ་པ་མཐའ་ཡས་རྡོ་རྗེས་སྤེལ།།

AVERTISSEMENT

La connaissance du Tibet, de son histoire, de ses religions, de sa culture et de ses coutumes est récente en Occident. Chacune des recherches effectuées est une pierre apportée à l'édifice. Si les témoignages, de plus en plus nombreux et de plus en plus précis, permettent à la tibétologie de progresser, ils dévoilent aussi que, depuis plus de cinquante ans, un pays, un peuple et une culture sont menacés d'extinction.

Dans cet ouvrage, la transcription des noms tibétains et sanskrits a été simplifiée, mais les noms et les lieux ont été écrits dans la phonétique anglaise, facilitant ainsi la traduction dans une langue étrangère.

Ci-après, une carte du Tibet et de l'Inde permet de situer, dans l'histoire, la vie de Sa Sainteté Trinley Thayé Dordjé, dix-septième Karmapa.

Ce livre contenant des enseignements et des photos de maîtres spirituels, merci d'en prendre le plus grand soin.

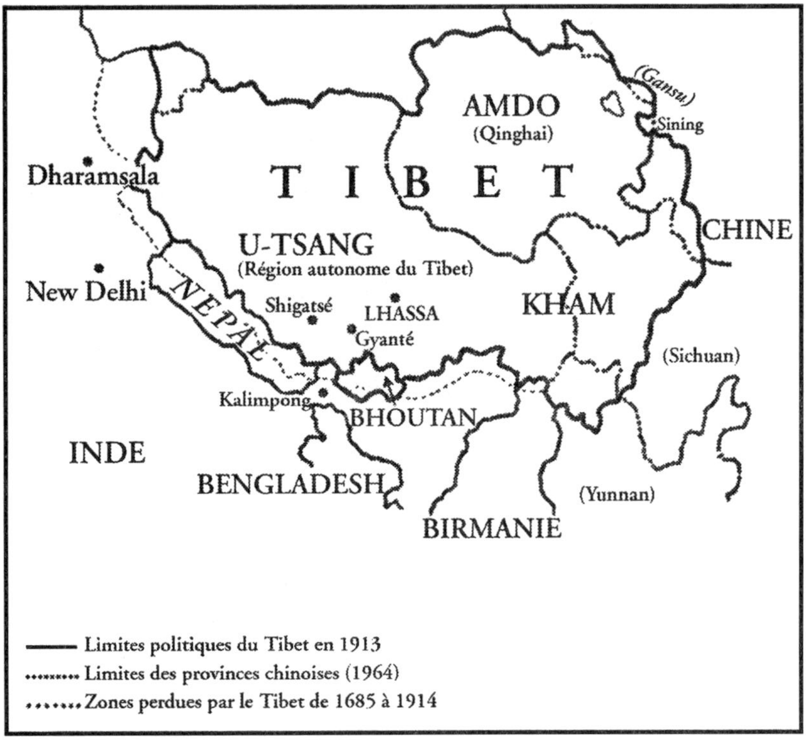

Frontières du Tibet, de l'Inde et de la Chine

AVANT-PROPOS

Amour, compassion, sagesse, souhaits de bienfaits pour tous les êtres, libération[1] de leurs souffrances, pratique des enseignements du Bouddha[2] - le Dharma[3] -, diffusion à ceux qui le désirent, voici en résumé les sujets majeurs des préoccupations de Sa Sainteté Trinley Thayé Dordjé, le dix-septième Karmapa, né le 6 mai 1983, et âgé de dix-sept ans au moment de l'écriture de ce livre.

À l'occasion de notre collaboration, d'entretiens enregistrés, de situations officielles et privées, ou encore en présence de son entourage et de ses

---

1. L'affranchissement du cycle des existences.

2. Sakyamuni, le « Bouddha historique » - né en 558 avant J.-C. - est le quatrième Bouddha historique de cette ère et est à l'origine du Dharma, tel qu'il est encore aujourd'hui pratiqué. Sa manifestation ne se limite pas à la vie humaine. On dit aussi qu'il a œuvré pour le bien de tous les êtres durant des âges et des âges, accumulant sagesse et mérites. C'est alors seulement qu'il naquit en Bouddha Sakyamuni.

3. Outre l'enseignement du Bouddha, le Dharma, c'est aussi la voie qui conduit à l'Éveil, c'est-à-dire à l'état de bouddha. Il est aussi l'expression de la compassion d'un bouddha qui offre aux êtres vivants les moyens de parvenir à surpasser les souffrances.

disciples, j'ai pu approcher la personnalité affirmée de ce jeune guide spirituel du bouddhisme tibétain. Je dois bien l'avouer, le Karmapa m'a impressionné, au point d'éveiller davantage encore ma curiosité, de me bouleverser parfois. C'est le cœur chaviré que je l'ai d'ailleurs quitté, voilà peu.

Je ne suis pas bouddhiste, mais catholique. Mes rencontres avec les grands maîtres spirituels tibétains sont liées à une série de circonstances qui m'ont conduit à emprunter plus largement que par le passé le chemin de la spiritualité.

La veille du 30 octobre 1993, de passage à Paris, j'avais longuement dialogué avec André Chouraqui, qui venait de publier une traduction de la Bible en dix volumes.

Samedi 30, 8 heures du matin, Hôtel Président Grenoble, une porte s'ouvre, les Tibétains se prosternent, le Dalaï-Lama s'avance vers moi, son rire cosmique envahit le couloir... Un livre d'entretiens est né de cette rencontre, qui m'a permis de découvrir la tradition bouddhiste tibétaine, sa culture et le problème des 130 000 réfugiés de l'époque.

Comment y rester indifférent ? Après le Dalaï-Lama, se sont succédé les rencontres avec d'autres grands guides spirituels - ceux qui enseignent la doctrine du Bouddha - et avec des hommes de combat comme le docteur Tendzin Tcheudrak - médecin personnel du Dalaï-Lama - ou Palden Gyatso, qui a passé trente-trois ans dans les geôles chinoises, et à qui j'ai offert son premier billet d'avion pour venir en France.

L'histoire le prouve, le choix du Karmapa appartient uniquement à la lignée Kagyu, sans la moindre ingérence d'aucune des autres écoles du bouddhisme tibétain ; et, de son vivant, c'est au Shamarpa, égal du Karmapa dans la lignée Kagyu, de diriger les recherches et de désigner l'enfant réincarné.

Au début de l'année 2000, différentes sources m'ont appris que le Karmapa Trinley Thayé Dordjé déplaçait des milliers et des milliers de personnes pour ses enseignements. J'ai voulu savoir si ce même Trinley Thayé Dordjé restait bien aussi imperturbable aux événements qu'il était dit et comment il pouvait, dans ces conditions, poursuivre sa tâche qui consiste – comme il le répète sans cesse – à aider tous les êtres, quels qu'ils soient et où qu'ils soient.

Dès nos premiers contacts, je me suis rendu à l'évidence : certaines de mes questions étaient inadaptées à la situation. L'esprit de Sa Sainteté n'est sujet à aucune forme de jalousie, de rivalité ou de préoccupation personnelle ; ses seules réflexions concernant le Karmapa Urgyen Trinley Dordjé sont liées au fait qu'il forme des souhaits pour qu'il puisse, lui aussi, enseigner le Dharma... Sur ce point, il n'a jamais changé d'avis ni affirmé autre chose.

Trinley Thayé Dordjé soutient que rien ne peut sortir de bien si la politique est mêlée au Dharma. Selon lui, une telle confusion risquerait même, à terme, de détruire les enseignements et la transmission du bouddhisme tibétain. Nombreuses sont les prophéties à confirmer les propos du jeune Karmapa... Sa Sainteté a donc fait le vœu de consacrer son existence entière, son esprit, sa parole et ses actions, au bonheur d'autrui. Rien d'étonnant dès lors, que mes questions à caractère politique aient trouvé leurs propres limites, tandis que je prenais en même temps conscience de la dimension personnelle et spirituelle du Gyalwa Karmapa.

Ce livre a été écrit pour tous ceux dans ce monde qui ne connaissent pas ou mal le bouddhisme et qui, parfois, ignorent l'existence même des Karmapas.

Les réflexions de ce très jeune maître spirituel, les enseignements de ses propres maîtres et les enseignements du Bouddha peuvent être facilement adaptables au monde occidental et se révéler utiles à beaucoup d'entre nous.

*

* *

J'ai rencontré Trinley Thayé Dordjé pour la première fois en juin 2000, à l'Institut Karmapa de Valderoure, l'un des centres bouddhistes français placé sous son autorité spirituelle. Convié à y donner des initiations et des enseignements, il a repris ensuite la tournée commencée au mois de novembre 1999, qui l'avait conduit pendant deux mois d'abord en Asie, puis au Danemark, en Allemagne et en France, où il arriva début janvier 2000.

À Dhagpo Kagyu Ling - Saint-Léon-sur-Vézère (Dordogne) -, le Karmapa donna une nouvelle série d'enseignements et d'initiations, puis poursuivit, durant un mois encore, ses voyages - cette fois en Europe de l'Est. Le succès était à chaque fois au rendez-vous, l'enthousiasme de ceux qui le rencontraient aussi.

Aussitôt de retour en France, début février, le Karmapa a commencé une retraite dans son monastère de Kundreul Ling, au Bost, en Auvergne. Il a alors reçu des enseignements de Khenpo[1] Tcheudrak Tempel et de son professeur Sempa Dordjé, venus tous deux spécialement de l'Inde, et il a accordé, en parallèle, des entretiens privés ou de groupes à des disciples venus du monde entier.

C'est aussi en France que Trinley Thayé Dordjé a réalisé un de ses premiers objectifs, qui consistait à approfondir davantage encore sa formation spirituelle, toujours dans la plus pure tradition de la lignée Kagyu.

Par le passé, les maîtres tibétains de l'ancienne génération recevaient tous une solide éducation. Il n'était pas rare qu'un maître d'une des quatre écoles détienne des enseignements appartenant aux autres écoles. Chaque détenteur les avait reçus d'un précédent, qui les lui avait transmis oralement, dans leur entièreté. C'est le cas de Chobgye Trinchen Rinpoche, un érudit de la tradition sakyapa de quatre-vingt-un ans, apprécié par tous les bouddhistes tibétains. Malgré son âge, il n'a pas hésité à quitter le Népal, où il réside habituellement, pour s'installer quelque temps au Bost auprès de Trinley Thayé Dordjé, et lui transmettre un cycle d'initiations commun à toutes les écoles du bouddhisme. Le monastère de Chobgye Trinchen Rinpoche au Tibet, Phenpo Nalanda, fut construit par Kunchen Rangteun, qui fut un des maîtres du sixième Karmapa. Le fait que ce lien spiri-

1. Titre correspondant à celui d'abbé de monastère.

tuel ait pu être renouvelé à l'aube de ce troisième millénaire est d'autant plus remarquable.

Autre événement et non des moindres... Au matin du troisième jour du troisième mois de l'année du Dragon de fer du calendrier tibétain - le 7 avril 2000 -, le dix-septième Karmapa a reçu - après en avoir préalablement formulé la requête - de Chobgye Trinchen Rinpoche, l'ordination monastique. Celle-ci consiste en une prise de vœux, dont les cinq principaux préceptes sont : ne pas tuer, ne pas voler, ne pas mentir, ne pas prendre de substances toxiques, demeurer chaste... Plus de cinquante ans se sont écoulés depuis que Chobgye Trinchen Rinpoche s'est engagé, de son côté, dans la voie monastique, sans jamais - de l'avis de tous - briser ses vœux. Le vieux maître de l'école Sakya était, sans nul doute, la personne la mieux placée pour ordonner le Karmapa.

Après le départ de Chobgye Trinchen Rinpoche, une seconde série d'initiations de la tradition Kagyu fut transmise au Karmapa : cette fois, ce fut par Kunzig Shamar Rinpoche, l'actuel détenteur de la lignée Kagyu nommé par le seizième Karmapa. Puis, Trinley Thayé Dordjé interrompit - du début du mois de juin à la fin du mois d'août - son cycle d'études pour un nouveau programme d'enseignements à Montchardon et à travers l'Europe.

*

* *

Je tiens à remercier tout particulièrement Sa Sainteté Trinley Thayé Dordjé pour sa disponibilité et son extrême gentillesse à mon égard. Il m'a d'abord autorisé à séjourner au Bost, dans le lieu réservé aux laïcs, à l'accompagner ensuite dans sa tournée, puis à le rejoindre en Inde. J'ai rencontré son représentant en Europe - Lama[1] Jigme Rinpoche[2] qui était déjà l'envoyé du seizième Karmapa -, ses professeurs, certains de ses disciples, les lamas qui l'entourent - son intendant, son cuisinier, son maître des rituels notamment -, l'équipe des laïcs de toutes nationalités qui soutient son activité et qui se met à son service.

L'ermitage monastique de Kundreul Ling, le Bost, où j'ai résidé pendant plusieurs semaines, fut pour moi d'un intérêt inépuisable, un refuge parfois et, souvent, un lieu de ressourcement. Considéré comme le plus grand centre de retraites d'Europe, l'ermitage compte actuellement cent vingt hommes et femmes d'origine sociale et culturelle diverse. Ils accomplissent soit une retraite de trois ans, trois mois et trois jours, soit une seconde retraite de durée identique. Certains d'entre eux vont même jusqu'à entreprendre une retraite d'une durée de douze ans, voire à vie.

Cette retraite de trois ans, trois mois et trois jours appartient à la tradition bouddhiste tibétaine. Aussi, quelle ne fut pas ma surprise de constater que ce trait si spécifique d'une tradition venue d'Asie, et notamment du Toit du monde, avait finalement réussi à s'implanter en Auvergne !

En sortant de leur retraite, ceux et celles qui le souhaitent, peuvent devenir membres de la communauté monastique et demeurer sur les lieux. C'est

1. Maître enseignant le tibétain.
2. Terme honorifique qui signifie « précieux ».

avec eux que j'ai maintenu un contact quasi permanent, durant mon séjour au Bost et encore après... Je tiens à les remercier de la peine qu'ils ont prise à guider mes recherches, tout en me soutenant dans mes moments de doute.

Enfin, je prie Sa Sainteté Trinley Thayé Dordjé et tous ceux qui m'ont aidé, ainsi que mes lecteurs, de bien vouloir me pardonner les éventuelles maladresses et erreurs de formulation ou de sens que pourrait contenir cet ouvrage ; elles devront toutes m'être imputées. Le Karmapa m'a dit en riant n'avoir pas eu le temps d'apprendre le français... et de mon côté j'ai regretté de n'avoir pas pu m'exprimer directement avec lui.

Quoi qu'il en soit, je forme le vœu d'avoir réussi à traduire la joie que m'a procurée cette rencontre avec le Karmapa. Je ressens à son égard un profond respect pour son engagement à vouloir consacrer, sans restriction aucune et avec beaucoup d'humilité, son activité à aider et à soulager tous les êtres.

Trinley Thayé Dordjé fait partie – j'en suis totalement convaincu – de ces hommes rares qui font que tout n'est pas perdu pour notre monde parfois si fou, et, pour nous autres humains, qui nous égarons si souvent. En 1954, Albert Einstein écrivait dans *Ideas et Opinions*[1] : « Un être humain fait partie d'un tout que nous appelons "l'Univers" ; il demeure limité dans le temps et dans l'espace. Il fait l'expérience de son être, de ses pensées et de ses sensations comme étant séparés du reste – une sorte d'illusion d'optique de sa

1. Crown Publishers, New York, 1954.

conscience. Cette illusion est pour nous une prison, nous restreignant à nos désirs personnels et à une affection réservée à nos proches. Notre tâche est de nous libérer de cette prison en élargissant le cercle de notre compassion, afin qu'il embrasse tous les êtres vivants, et la nature entière, dans sa splendeur. »

Puisse à son tour le message de sagesse et d'amour du Karmapa et de ses maîtres spirituels se transmettre, à travers le monde entier, à tous ceux - disciples et non-disciples, bouddhistes et non-bouddhistes - qui aimeraient directement recevoir d'un jeune guide spirituel exceptionnel des mots de vraie compassion.

Gilles VAN GRASDORFF

1
Développer le calme mental et la compassion

Je m'appelle Trinley Thayé Dordjé. J'ai été reconnu, en accord avec les règles historiques de notre tradition, comme le dix-septième Karmapa. Les Karmapas sont les chefs spirituels de la lignée Kagyu, une des quatre écoles du bouddhisme tibétain. J'ai dix-sept ans, mais par le jeu des renaissances, j'ai traversé les siècles et déjà vécu de nombreuses vies, ce qui m'a amené à ce constat : à l'aube du troisième millénaire, il faut distinguer la spiritualité authentique, qui s'adresse à l'esprit et au cœur, et qui est universelle, des aspects culturels du bouddhisme. Dans un monde entièrement tourné vers le matérialisme – j'en suis convaincu – le Dharma, l'enseignement du Bouddha Sakyamuni, représente vraiment l'expérience du bonheur.

Septembre à Kalimpong, dans le nord-est de l'Inde. J'apprécie ce mois de l'année. La mousson tire exceptionnellement à sa fin. L'air est aussi pur que le cristal, le ciel aussi vaste que l'espace. La cité himalayenne, au sortir de la saison des pluies, grouille de marchands. Ils viennent de Darjeeling, la ville indienne de l'autre côté de la vallée, de Gangtok, la capitale du Sikkim, ou du Bhoutan voisin. Je me surprends parfois à rêver des vallées bhoutanaises qui me rappellent celles de ma région natale du Kham[1]. Je ferme les yeux et me laisse emporter vers les pics déchiquetés du Toit du monde, où des longs tourbillons de neige balaient continuellement les cimes.

Sitôt le soleil revenu, et à l'occasion de mes moments de liberté, j'aime flâner dans la nature, et plus particulièrement dans les forêts indiennes. C'est aux toutes premières lueurs de l'aube que je me suis rendu un matin d'automne dans le parc situé en face de l'Institut – le *Karmapa International Buddhist Institute* –, un lieu préservé car considéré par la population indienne comme sacré. J'y suis resté un long moment, assis sur un banc, immobile, à contempler les fleurs. Sur l'instant, cela a suffi à mon bonheur. Puis, cheminant d'une allée à l'autre, j'ai vu des bosquets sauvages, des bougainvilliers et une multitude d'arbres noueux que je n'avais jamais vus auparavant au Tibet et je me suis attardé au bord d'un des trois étangs du parc. Tout glorieux de leur plumage, des paons paradaient orgueilleusement, des perruches

1. Avant l'invasion de 1949, le Tibet était divisé en plusieurs provinces : l'U-Tsang (Tibet central), l'Amdo (Tibet du Nord-Est), le Kham (le Tibet du Sud-Est), Ngari au sud-ouest, Changthang au nord.

et des perroquets dialoguaient capricieusement, quelques antilopes géantes broutaient paisiblement. J'étais heureux, et je me sentais libre.

Ce sentiment ne m'a en réalité jamais quitté depuis que je suis né. Je crois même qu'au cours de mon récent séjour à Karma Migyur Ling, le centre d'études tibétaines de Montchardon, en France, il s'est encore affirmé. Les choses arrivent toujours quand le moment est venu. Cela s'est passé au crépuscule : je me trouvais sur la terrasse de mon appartement, au deuxième étage du temple ; une chaleur intense écrasait le Vercors, la vallée et, très loin là-bas, le village de Saint-Marcellin ; je percevais tout juste le souffle léger du ciel... Ce lieu me fascinait, et dégageait une atmosphère discrète et propice au recueillement, parfois fuyante, souvent insaisissable. Le temps s'est soudain figé. Au loin, l'horizon épousait les courbures du ciel. Alors que les derniers rayons du soleil embrasaient les sommets d'une beauté étincelante, je le vis, l'aigle. Il descendait en vol plané le long de la paroi et me rappelait la rapacité furieuse des aigles de l'Himalaya. Sur le coup, rien ne se passa. Il accéléra brusquement sa course et, dans le tumulte furieux du battement de ses ailes, piqua tout droit sur une proie.

J'eus à l'intention du rapace et de sa prise quelques mots de compassion[1]. La nature est si cruelle parfois.

1. Motivation et attitude du bodhisattva qui souhaite libérer tous les êtres de la souffrance et de ses causes. La nature de l'Éveil est la grande compassion, indissociable de l'essence de vacuité, propre à toute manifestation, ou apparence : tout le champ de l'expérience perçue par l'esprit (mondes, êtres, situations) doit être compris comme la projection de l'esprit lui-même.

Quelques secondes plus tard, soulevant lourdement ses ailes, l'aigle quitta le sol et transperça la pénombre qui pesait sur la vallée. Je le suivis du regard, jusqu'à ce qu'il disparût, comme happé par l'ultime assaut de la splendeur lumineuse du soleil sur les monts du Vercors. Cet aigle me donnait l'envie de voler, lui qui est symbole de liberté.

Dans le bouddhisme, la liberté s'obtient par la méditation. Méditer, c'est retrouver en nous-mêmes notre sagesse profonde. C'est donner à notre esprit la possibilité de révéler sa véritable nature.

Ce que nous devrions continuellement développer en nous, c'est le calme mental et la compassion. En adoptant une telle attitude d'esprit – non seulement à notre égard mais à l'égard d'autrui –, nous serions capables de tout assimiler et de vaincre tous les obstacles qui se présenteraient à nous.

Il est essentiel de développer ce calme mental et cette compassion, non seulement pendant la méditation, mais également tout au long de notre vie quotidienne, publique et privée, où que l'on soit et qui que l'on soit.

Méditez uniquement dans le but d'aider tous les êtres à atteindre la plus grande réalisation[1]. *Si vous avez cette motivation intérieure, méditer seulement cinq minutes sera plus bénéfique que de méditer une vie entière sans cette intention.*

---

1. Phase ultime de l'intégration du chemin spirituel transcendant l'expérience dualiste. Vision non duelle, non intellectuelle et définitive de la réalité, obtenue par la maîtrise de l'absorption méditative-*samadhi*.

Ne vous méprenez pas sur ce que je vous ai dit : je ne veux pas vous empêcher de méditer, mais, au contraire, je veux vous encourager à développer la motivation juste. Cette motivation est importante, car elle vous permettra de développer tout naturellement le souhait d'aider tous les autres êtres.

Cette motivation est aussi l'esprit d'éveil[1] *ou bodhicitta ; elle ne se limite pas à quelques êtres, mais au nombre infini des êtres, sans exception. Sa plus grande réalisation, c'est la libération de toutes les souffrances et l'obtention du bonheur absolu-nirvana.*

Shantidéva[2] nous expliquait déjà à son époque à quel point cette pensée est précieuse.

Quiconque veut traverser
les innombrables douleurs de la vie,
Éloigner tous les maux des êtres,
Jouir de centaines de bonheurs,
Ne doit jamais quitter la pensée de l'Éveil.

*
* *

Au cours de ces derniers mois, j'ai eu l'occasion de beaucoup voyager, en Asie, en Europe de l'Ouest et de l'Est. Partout, j'ai reçu un accueil chaleureux. Il est cependant un autre endroit, où j'ai ressenti un profond sentiment de bonheur. Je suis arrivé

1. La pensée et l'activité altruiste qui sont les causes de l'Éveil ultime d'un bouddha.
2. Ce grand mystique et poète (1040-1123) a été le disciple de Marpa, un érudit qui étudia au Bengale l'art du transfert du principe conscient dans un autre corps ou dans un paradis. Il passa la dernière partie de sa vie comme ermite dans les grottes.

au Bost, le siège monastique européen Karma-Kagyu, au cœur de l'Auvergne, une fin d'après-midi. Il faisait nuit, c'était l'hiver, il pleuvait. Malgré tout, dans l'obscurité, je devinais le toit doré du temple, sur lequel se reflétait un halo de lumière.

C'est dans cette clarté diffuse que me revint en mémoire le visage de Guendune Rinpoche. Né en 1918 au Tibet oriental, ce yogi accompli a vécu dès l'âge de sept ans auprès des plus grands maîtres tibétains. Il a été un des plus fidèles disciples de mon prédécesseur, le seizième Karmapa, qui lui avait demandé de faire connaître le bouddhisme tibétain en Occident, en France notamment. Et Guendune Rinpoche choisit le Bost pour créer le plus important centre de retraites d'Europe.

Dans la maison qui m'était réservée, je me suis immédiatement senti chez moi. Elle me rappelait tellement le Tibet, et surtout notre demeure familiale du Kham.

Le surlendemain de mon arrivée, je me souviens de m'être longuement recueilli devant les deux urnes contenant les cendres de Guendune Rinpoche, décédé en 1997. Sa réincarnation était désormais parmi nous. J'ai fait des souhaits à son intention.

Je me suis réveillé un matin vers 4 heures, et j'ai traversé à pas feutrés la maison encore endormie. Je me suis retrouvé dans le jardin ceint d'une palissade, j'ai ouvert la porte donnant sur le chemin. Si le froid était glacial, l'endroit était baigné par un joli clair de lune. Depuis ma plus tendre enfance, j'ai toujours eu l'oreille sensible aux bruits de la nuit. Je souris en pensant aux heures passées dans le Kham à observer les étoiles, à écouter les rumeurs des montagnes avoisinantes et le craquement lourd du tonnerre. Il m'est arrivé à plusieurs reprises de porter secours à des animaux blessés et, quand je ne pouvais, hélas, plus rien pour eux, je récitais des mantras[1] jusqu'au moment de leur mort.

Cette nuit dans le temple était calme et inspirante. De la chambre de Lama Guendune, conservée en l'état par les moines du Bost, me parvenait le grésillement des flammes dans les lampes à beurre. Il fut un pratiquant réalisé du *Mahamoudra*[2]. C'est grâce à son activité et ses prières que le Dharma s'est enraciné et perdurera.

Je m'approchai de l'autel sur lequel étaient posées les deux urnes, et j'ai formulé des souhaits afin de continuer l'activité des Karmapas, qui a pour essence la pratique et la transmission des enseignements du Bouddha et pour but de soulager la souffrance de tous les êtres. Aucun être n'échappe à la souffrance, et nous sommes tous, sans exception, tenus entre les crocs de la mort :

> *La vie est une course folle vers la mort. Imprévisible et inévitable, elle n'épargne personne, elle ne m'épargnera pas non plus. Nos*

---

1. Formule rituelle, employée dans l'hindouisme comme dans le bouddhisme comme support de méditation. *Om Mani Padme Hum* est le mantra le plus célèbre du Tibet : c'est celui de Chenrézig, le bodhisattva de la compassion, considéré comme le protecteur du pays.

2. « Le Grand Sceau » : il s'agit de la voie spirituelle qui est propre à la lignée Kagyu. Guendune Rinpoche dit dans le *Mahamoudra* : « Tous les phénomènes sont reconnus comme étant le symbole de l'esprit dont l'essence est vide, la nature luminosité et la manifestation inconcevable. »

jours sont comptés comme ceux d'un condamné... Nous aurons beau avoir eu, dans cette vie, une multitude d'amis, nous n'aurons pas d'autre choix que de partir seul. Même si nous sommes en possession d'une immense fortune, nous partirons les mains vides ; et si notre armoire contient la plus délicate des garde-robes, ces habits magnifiques n'empêcheront pas notre absolue nudité. On meurt jeune, on meurt vieux, de toute façon, on doit mourir. Nul ne peut affirmer être encore vivant ce soir. Il n'y aura pas d'exception : quand la mort viendra, il faudra même se défaire de sa chair et de ses os. Une fois nés, nous sommes nécessairement amenés à mourir. Il faut donc s'y préparer.

Ma propre mort se doit d'être un exemple, non pas pour ma renommée personnelle, mais pour démontrer que ce moment peut réellement être facilité par le résultat des pratiques que nous sommes tous capables de réussir.

Quand ma respiration sera sur le point de cesser, j'entrerai en *samadhi*, l'absorption méditative issue des pratiques que j'aurai accomplies durant ma vie, et je ferai miens les souhaits du Bouddha : « Je prends sur moi le poids de toutes les souffrances. Je suis résolu à les supporter toutes. Je ne tournerai pas le dos, je ne fuirai pas, je ne tremblerai pas. Et pourquoi ? Parce que la libération de tous les êtres est mon vœu. Ce n'est pas seulement à ma propre libération que je suis occupé. Je dois contribuer à tirer les êtres de l'océan du samsara[1], au moyen du véhicule de la parfaite connaissance. »

*

* *

Lors de mes déplacements, j'observe beaucoup ce qui se passe autour de moi. Je constate que, pour chacun d'entre nous, les tentations sont réelles, le danger permanent, de développer des valeurs égotiques et passionnelles.

La saisie d'un ego est la racine de toutes les souffrances. Si une personne travaille pour subvenir à ses besoins et qu'elle connaisse une situation plaisante, elle ne doit surtout pas réagir avec orgueil. Les biens matériels, l'admiration des autres, la renommée, les louanges ne sont qu'illusions. Qu'elle médite sur l'impermanence et la nature véritable des choses qui est vacuité, et qu'elle considère plutôt tout cela comme un support de pratique.

De nos jours, des détenteurs de lignée, des moines, des lamas, des personnes cultivées et sincères vivant essentiellement de dons peuvent se laisser submerger par les illusions. Certains trouvent tellement logique d'être « parrainés » qu'ils en tirent bon nombre d'avantages et de profits.

Ont-ils encore conscience de la dette karmique qui s'est instaurée entre eux et leurs bienfaiteurs ? Je n'en suis pas du tout convaincu. Il me semble réellement nécessaire que nous fassions tous très attention à cette question.

---

1. Cycle infini des naissances et des renaissances qui conditionnent les êtres.

Si l'on ne purifie pas par certaines pratiques les offrandes que l'on reçoit, l'argent des bienfaiteurs, mal utilisé, crée toujours un karma[1] *négatif.*

Le risque de perdre la qualité d'une transmission est donc bien réel, tout comme existe le risque d'altérer la pureté de nos traditions. D'autres encore se perdent dans des querelles et des polémiques sans fin et souvent inutiles, en tout cas indignes de leur statut. Comme le Bouddha l'avait prédit en son temps, ce sont ses propres disciples qui détruiront un jour le Dharma. Évidemment, cette situation m'inquiète. Elle réclame une vigilance de tout instant.

Mon prédécesseur, le seizième Karmapa, avait, lui aussi, dans une de ses prophéties, expliqué qu'il arriverait un jour où les gens à qui il avait accordé sa confiance la placeraient ailleurs. Viendrait alors le temps où les grands maîtres du bouddhisme tibétain perdraient toute liberté de pratiquer leur religion. Il avait vingt-deux ans lorsqu'il écrivit ces quelques mots en forme d'avertissement : « Tout l'espoir du cygne est placé en ce lac, qui n'éprouve pas le moindre sentiment – ni honte, ni souci des autres... Et comme le lac aime à prendre pour ami la glace, aussitôt le froid venu, le cygne ne peut plus s'y poser. »

Que dire alors de la situation présente ?

La prise de conscience de la nature transitoire des choses étant le fondement de la stabilité, on

1. Fondement de la doctrine bouddhiste. Étymologiquement, *karma* signifie action. La loi du karma fait référence aux lois qui régissent les actes et les résultats qu'ils entraînent.

pourra alors apprécier chaque jour comme s'il était le dernier de sa vie, pas dans un sens épicurien, mais dans celui de la priorité des valeurs : en inversant l'attachement qui nous enchaîne aux choses éphémères, on pourra porter un intérêt croissant aux valeurs durables, telle l'énergie créatrice générée en cultivant la générosité, la discipline, la patience, l'enthousiasme, la méditation et la sagesse.

C'est à Dhagpo Kagyu Ling, en Dordogne, que je me suis récemment entretenu de tout cela avec Khenpo Tcheudrak Tempel[1]. Mon existence en ce monde n'a de réelle valeur que si je peux aider à soulager la souffrance de tous les êtres. Poussé en 1959 sur le chemin de l'exil, comme Sa Sainteté le Dalaï-Lama, c'est avant de quitter Tsurphu – le siège des Karmapas au Tibet – que mon prédécesseur s'était longuement recueilli devant l'immense statue du Bouddha, qu'avait fait ériger Karma Pakshi[2]. Il était 3 heures du matin lorsque le seizième Karmapa fit le serment de répandre le Dharma sur d'autres terres que celles du Tibet, où le bouddhisme risquait d'être malmené, voire de disparaître.

L'enseignement du Bouddha existant depuis vingt-cinq siècles, mon but est de poursuivre l'œuvre de mes prédécesseurs, tout en l'adaptant au monde moderne, et notamment aux caractéristiques de ce troisième millénaire. Je le sais, une rude tâche m'attend.

---

1. Actuel directeur du *Karmapa International Buddhist Institute (Kibi).*
2. Deuxième Karmapa (1204-1283). Voir lignée des Karmapas en annexes.

2
La saisie d'un soi est une illusion

Mes rencontres avec le Karmapa Trinley Thayé Dordjé et les moines tibétains et occidentaux qui l'entourent m'ont conduit à approfondir mes recherches sur le bouddhisme tibétain. Pour nous, Occidentaux, certaines de ses caractéristiques défient nos notions de la mort et de l'âme, sans pour autant être contraires à notre logique et à notre sens du rationnel.

Faisant référence à la philosophie bouddhiste, le Karmapa m'a expliqué la notion de renaissance par une analyse précise de la conscience, bien qu'il y ait, m'a-t-il dit, de nombreuses autres démonstrations et preuves dans les textes. C'est la nature même de la conscience - ce qui la caractérise en propre - qui reprend naissance, ou plutôt qui est à la base des conditions d'existence. D'un point de vue matérialiste, la conscience est généralement considérée comme un simple produit du corps. Mais, si nous y regardons de plus près, la conscience s'oppose de par sa nature à la matière. La conscience n'est pas obstruée, elle est capable de connaître, c'est-à-dire de faire l'expérience d'elle-même et du monde. En revanche, la matière est obstruée et par nature incapable de connaître. Bien qu'elles soient intimement liées, il n'est pas possible que la matière seule produise la conscience. Celle-ci se situe dans un continuum, où le moment présent de conscience est l'effet du moment antérieur et cause du moment futur. Ainsi, nous sommes amenés à penser que la conscience préexistait à la naissance et continuera après la mort. Ce qui caractérise la conscience en elle-même est dépourvu d'un véritable être figé, comme le « soi » ou le « moi » que nous lui imputons. Le « soi » ou le « moi » est ce que nous saisissons en notre conscience, comme étant une entité permanente à travers tous les instants de la vie. C'est le fait de croire : « Je suis Gilles, et je le suis depuis ma naissance, sans changement, jusqu'à présent... », tandis qu'en réalité, notre conscience ne cesse de changer, en étant continuellement en mouvement et impermanente de par sa nature. C'est donc cette saisie de « soi » qui est une illusion, car elle n'a pas de rapport avec la réalité de la conscience. Cette illusion est à la base de la perception dualiste et cause de toutes les souffrances.

Nos pensées et nos actes présents laissent une trace sur notre esprit sous forme de tendances qui se manifestent en formant les conditions de nos existences et de nos perceptions futures. C'est ce que les bouddhistes appellent le karma.

Ces explications de Sa Sainteté m'ont amené à un autre sujet : les *tulkous*. La notion de tulkou est fondée sur la notion de la continuité de la conscience mais s'applique à la renaissance d'un être réalisé. Sa renaissance est plutôt considérée comme une émanation ou une manifestation, qui est libre des conditions dans lesquelles elle va se manifester, car un tulkou est libéré de l'illusion de la saisie du « soi ». C'est le cas des bodhisattvas qui renaissent afin de venir en aide aux êtres...

Le premier Karmapa, Düsum Khyenpa, prédira sa future manifestation. Il est le premier tulkou du Tibet, et les Karmapas sont les rares maîtres qui continuent à prédire leur future manifestation.

Retour sur l'histoire... Juste avant sa mort, le premier Karmapa avait indiqué à ses disciples les conditions d'apparition de son tulkou. Les Asiatiques considèrent plutôt cette réincarnation comme un fait de simple évidence, ce dont profitent largement les communistes chinois qui occupent le Tibet depuis maintenant plus de cinquante ans et qui peuvent ainsi « désigner » les tulkous de leur choix.

Les soutras[1] évoquent souvent les prédictions du Bouddha : « Un jour naîtra un homme de grande compassion qui, au long de ses incarnations, sera reconnu sous le nom de Karmapa. » Bien des siècles plus tard, Tshalpa Tseundru Drak[2] reconnut en Düsum Khyenpa cet être extraordinaire. À la demande de son maître spirituel, le premier Karmapa entreprit un long pèlerinage à travers le Tibet, donnant une multitude

---

1. Soutras : textes concernant les enseignements originels du Bouddha. Ils peuvent prendre la forme d'un dialogue entre le Bouddha et ses disciples autour d'un thème particulier.

2. Un des six hommes du Kham, disciple de Gampopa, groupe dont faisait également partie le premier Karmapa.

d'enseignements. Le nombre de ses disciples ne cessa de croître. Après avoir passé trois longs hivers et trois étés sur un rocher où les dakinis[1] venaient le nourrir, il se rendit dans un endroit appelé Tsurphu, à l'ouest de Lhassa, où il prépara la construction du monastère qui deviendrait le siège de la lignée Kagyu.

Düsum Khyenpa, le premier Karmapa, avait acquis, grâce à la réalisation de la vacuité, le pouvoir de traverser les montagnes. Il guérissait les malades qu'il croisait sur son chemin et redonnait la vue aux aveugles. Gampopa[2] mort, le Karmapa promit à ses disciples de vivre jusqu'à quatre-vingt-quatre ans et de se manifester à nouveau dans une autre vie. Après sa mort, naquit un enfant, apparenté à la famille du roi Trisong Detsen[3]. À l'âge de six ans, il retranscrivait des livres, alors que personne ne lui avait appris à écrire. À dix ans, il lui suffisait d'écouter les moines réciter un texte sacré pour le répéter immédiatement, sans la moindre faute. L'enfant eut pour maître le détenteur de la lignée. Celui-ci ne douta pas un instant : il se trouvait en face de la réincarnation du Karmapa, la toute première de l'histoire du bouddhisme tibétain !

– Aujourd'hui, dit alors Pom Drakpa[4] à l'enfant, les messagères célestes – les dakinis – se sont manifestées

---

1. Terme sanskrit, traduction littérale : « celles qui se déplacent dans l'espace ». Correspond à l'étymologie des anges de la tradition chrétienne, voire dans certains cas aux fées du Moyen Âge. Elles représentent la sagesse non duelle, la vacuité. Certaines sont les parèdres de Sagesse des adeptes des tantras; d'autres sont semblables aux fées de l'Occident ; d'autres enfin peuvent être malignes ou terrifiantes. Elles peuvent être assimilées à certaines divinités féminines de méditation *(Yidam)*. Elles peuvent également être des passagères célestes et des protectrices ou des bodhisattvas féminins qui accomplissent des actions bénéfiques pour tous les êtres.

2. Moine disciple de Milarépa, un des pères de la lignée Kagyu.

3. Roi tibétain qui régna de 755 à 797. Sous son règne, le bouddhisme est devenu religion d'État (779).

4. Principal disciple du premier Karmapa et détenteur de la lignée.

dans le ciel, semblables à un amoncellement de nuages. Tu es fortuné car tous les maîtres kagyupas et Düsum Khyenpa sont apparus. Tu es le deuxième Karmapa et ton nom sera Karma Pakshi !

L'identification d'une réincarnation de Karmapa est une activité que seuls les êtres éveillés ou réalisés peuvent faire, et qui repose entièrement sur les enseignements du Bouddha. Cette reconnaissance ne peut en aucun cas être faite par un être ordinaire. Les vérifications concernant Trinley Thayé Dordjé devaient être menées par une personne possédant un haut degré de réalisation et des qualités spirituelles suffisamment exceptionnelles pour interroger les yidams[1], et pour analyser avec précision le passé et l'avenir des Karmapas.

Les polémiques intervenues après la mort du seizième Karmapa cachaient et cachent toujours des motivations autres que spirituelles, qui touchent notamment la politique et le pouvoir, ce dont Trinley Thayé Dordjé ne veut en aucun cas se mêler :

> *La saisie d'un soi est une illusion. Seuls sont valables le pouvoir de la compassion et le pouvoir d'aider les autres.*

Lors de mes rencontres avec le dix-septième Karmapa, j'ai acquis la conviction que Trinley Thayé

---

1. Les manifestations du Bouddha : Il y a trois corps de manifestation : le dharmakaya - le Bouddha en lui-même -, le sambhogakaya - corps de manifestation du Bouddha perceptible par les pratiquants réalisés - et enfin le nirmanakaya - corps de manifestation du Bouddha perceptible par tous les êtres, exemple : le Bouddha historique.

Dordjé n'a jamais douté de son statut de guide spirituel. Il connaît bien évidemment l'existence de Urgyen Trinley Dordjé, mais il refuse d'entrer dans une discorde qui nuirait au Dharma et à la lignée Kagyu.

À son contact, j'ai compris que Trinley Thayé Dordjé n'avait d'autre souci que le respect des enseignements du Bouddha et l'observance des règles monastiques.

Au cours d'un long entretien avec Khenpo Tcheudrak, à Montchardon, nous avons évoqué le jeu sournois du pouvoir et de la politique au Tibet : à cause d'une incontestable corruption dans tous les secteurs de la vie publique, sociale et spirituelle, les maîtres bouddhistes finissent par perdre tout contrôle sur la désignation des réincarnations.

Quoi qu'il en soit, il revient historiquement de droit à Shamar Rinpoche, le premier dans la hiérarchie de l'école Kagyu après le Karmapa, d'effectuer dans le plus pur respect des coutumes de la lignée les recherches concernant la réincarnation du seizième Karmapa.

« Si je regrette la polémique qui déchire les Kagyupas, m'a précisé Sa Sainteté Trinley Thayé Dordjé, cette situation ne me perturbe en aucune façon. Quoi qu'il advienne, mon seul objectif dans cette vie est de pratiquer et d'enseigner le Dharma, sachant que nulle entrave ne peut briser un esprit entièrement tourné vers la sagesse et l'amour. »

Ayant pris la résolution d'aider tous les êtres, nos mères[1]*, il nous faut l'accomplir avec déter-*

1. Dans le bouddhisme tibétain, chacun est invité à considérer autrui comme sa propre mère.

mination, sans craindre les difficultés pour soi-même, persévérer sans changer de cap.

C'est au Bost que Sa Sainteté a repris le cours de son récit. Laissons-lui la parole.

*

* *

Mes parents sont originaires du Kham. Le sang qui coule dans mes veines est tibétain, mais je me sens aussi profondément Khampa[1]. Je le dis non sans amusement d'ailleurs. J'aime passer mes rares moments de loisirs à dévorer une bande dessinée après l'autre. J'ai pratiquement lu toute la collection des *Astérix*, comparant volontiers ces Gaulois frondeurs à nos courageux Khampas. J'ai d'ailleurs donné le nom de *Matix* à mon berger allemand, aussi intrépide et effronté que *Idéfix*, le chien de mon héros préféré, que les traducteurs anglais ont appelé – faute de mieux sans doute ! – *Dogmatix*.

J'aimerais aller au moins une fois dans ma vie dans cette région du Kham où naquit ma mère, en un endroit appelé Palyul Dzong, Sing-ri-gar, sur les berges de la rivière Hobu. Les voyageurs ont surnommé ce lieu « le coin du bonheur ». Il est entouré de montagnes, de lacs et d'arbres plusieurs fois centenaires. J'espère un jour pouvoir retourner dans notre demeure familiale, avec « son jardin du trône »,

---

1. Habitant de la grande province orientale du Kham, divisée en deux au début du XXe siècle. L'ouest du Kham resta sous le contrôle de Lhassa ; l'est fut rattaché au Sichuan chinois. La révolte des Khampas toucha les deux zones.

celui-là même sur lequel le dixième panchen-lama[1], venu rendre visite à mon père, s'était assis pour donner des initiations et des enseignements.

À Lhassa, dès l'âge de cinq ans, je me rendais fréquemment au Jokhang, le temple le plus vénéré des Tibétains, pour y prier. Au fil des mois, le chemin qui y menait me paraissait de plus en plus plaisant, de plus en plus doux.

Je me mêlais aux pèlerins tibétains, toujours nombreux à parcourir le Barkhor, ce lieu mythique qui encerclait le temple, dont ils faisaient le tour dans le sens des aiguilles d'une montre. Inlassablement, ils déroulaient leur mala[2] qui leur servait à compter leurs mantras[3]. Le gardien du temple me permettait de rester. Je passais alors mon temps, sur le côté gauche de la statue de Jowo à prier et à observer les gens. Le soleil illuminait le monde : j'avais déjà conscience de devoir donner à tous ceux qui le souhaitaient la possibilité de percevoir la vérité du Dharma.

*

* *

Dechen Wangmo, la mère de Sa Sainteté, se souvient parfaitement de ce jour où son frère Thuchen Rinpoche,

---

1. Chökyi Gyaltsen (1938-1989). Le Dalaï-Lama est souvent associé au Panchen-Lama. Tous deux font partie de l'école Guélouk. Le titre de *panchen* est tiré des premières syllabes du mot sanskrit *pandita* - érudit - et de l'adjectif tibétain *chenpo* - grand. Il a été donné par le cinquième dalaï-lama à l'abbé du monastère de Tashilhunpo, fondé par le premier dalaï-lama, dans les environs de Shigatsé. Le Panchen-Lama a un rôle uniquement spirituel. C'est lui, s'il est vivant, qui désigne la réincarnation du nouveau Dalaï-Lama. Son rôle dans le bouddhisme tibétain est donc essentiel.

2. Équivaut au chapelet. Il aide à maintenir la continuité de l'attention.

3. Formules rituelles, employées dans l'hindouisme comme dans le bouddhisme comme support de méditation.

Pema Lhadri – un homme d'affaires ami de leur famille –, et Mipham Rinpoche, son père, recouvraient d'une nouvelle couche de peinture dorée la précieuse statue d'Avalokiteshvara[1] qui se trouve dans le palais du Potala[2].

L'après-midi touchait à sa fin. Observant chacun des gestes de l'enfant, son oncle lui demanda soudain :

– As-tu passé une bonne journée ?

– Oui, lui fit-il sans la moindre hésitation, parce que j'ai vu aujourd'hui deux corbeaux[3] noirs se diriger vers Tsurphu, mon monastère. C'est un signe de bon augure.

Son oncle se montra fort surpris de la réponse :

– Que dis-tu là ? Cela signifie donc que tu es le Karmapa ?

« Il m'a souvent été demandé, m'a dit Sa Sainteté, pourquoi j'étais si sûr d'être la réincarnation du seizième Karmapa. Je tiens notamment de mes parents que, comme mes prédécesseurs, très jeune déjà, je leur ai dit être le Karmapa. De plus, plusieurs signes concordaient avec la situation. »

*

* *

En ce mois de septembre 2000, je m'apprête à retourner en Inde. Kunzig Shamar Rinpoche et

1. Bodhisattva de la compassion, également appelé Chenrézig en tibétain. Il est le protecteur du pays et de ses habitants. Très vénéré en Chine sous le nom de Guanyin, et au Japon sous celui de Kannon, il y est représenté sous un aspect féminin.

2. Célèbre palais qui surplombe Lhassa. Le Potala est la résidence d'hiver des Dalaï-Lamas. Sa partie blanche fut d'abord construite sous le règne du cinquième dalaï-lama (Ngawang Lobsang Gyatso, 1617-1682). La partie rouge y fut ajoutée, en 1690, par le régent Sangye Gyatso (1653-1705).

3. Les biographies des grands maîtres tibétains mentionnent fréquemment des histoires associées aux corbeaux.

mes autres maîtres m'attendent à New Delhi et à Kalimpong, où je dois poursuivre mes études. C'est au Bost que je viens de passer les derniers moments de mon séjour en Europe. C'était déjà au Bost qu'en 1977, Arnaud Desjardins avait invité mon prédécesseur. Rangjung Rigpé Dordjé, le seizième Karmapa, y avait célébré la cérémonie de la *coiffe noire*[1]. Il était alors entré dans une absorption méditative, au cours de laquelle il avait manifesté une grande compassion envers tous les êtres vivants sans exception.

Rangjung Rigpé Dordjé avait promis de revenir le moment venu au Bost, ce coin d'Auvergne particulièrement propice à la réflexion et à la méditation, grâce à la présence constante de Guendune Rinpoche, qui s'y était installé en 1984, et à la pratique, qui s'est développée à travers les centres de retraites. Nos actes et nos pensées s'enfilent comme des perles sur un fil. Leurs traces s'attachent à notre esprit, telle l'ombre à notre corps.

J'ai fait en sorte de tenir sa promesse.

Comme la mort peut frapper à tout instant, j'ai décidé, dès ma naissance, d'utiliser, moi aussi, l'essence de la vie pour transmettre le message du Bouddha qui consiste à aider les autres, sans jamais oublier que si nous ne pouvons pas leur venir en aide, il ne faut surtout jamais chercher à leur nuire.

1. La coiffe noire se trouve actuellement au monastère de Rumtek. Elle y a été transportée, en 1959, par le seizième Karmapa, qui fuyait l'occupation chinoise au Tibet.

Le Dharma permet de développer en nous des qualités telles que la bonté, la compassion, la sagesse,.. des qualités qui contribueront à construire notre bonheur à la fois relatif en ce monde et ultime par la réalisation de l'état de bouddha. Pour cette raison, la pratique de ces activités positives est considérée comme une accumulation de mérites ou de karma positif.

*

* *

Nouveau retour dans le passé... Sa Sainteté nous y invite avec l'évocation de la coiffe noire. L'histoire de la coiffe noire est étroitement liée à celle des Karmapas. Il y a très longtemps, le Karmapa avait pris naissance en tant que *richi* (ascète), sous le nom de Konpa Kyé. Celui-ci fit le serment de ne pas quitter la posture de méditation tant qu'il n'aurait pas atteint l'état de bouddha. Après de nombreuses années passées en absorption méditative, il atteignit finalement l'Éveil complet. C'est à ce moment-là que des millions de dakinis vinrent lui rendre hommage, en lui faisant offrande chacune d'un de leurs cheveux. Ces cheveux devinrent une couronne de sagesse, représentant la réalisation du Karmapa. De ce fait, toutes les réincarnations successives des Karmapas portent cette coiffe, invisible pour la plupart, à l'exception de quelques rares êtres fortunés. C'est ainsi que le treizième Dalaï-Lama affirme avoir vu cette coiffe sur la tête du seizième Karmapa. À l'époque de la dynastie des Ming[1] qui régnait sur l'empire de Chine, l'empereur Ch'eng-Tsu[2] (Yung-lo) avait adressé à Deshin Shekpa, le cinquième Karmapa, une requête en lettres d'or, l'invitant à se rendre en Chine. Le Karmapa se mit en route. Deux longues années s'écoulèrent... Sur le point d'atteindre les portes de la cité impériale, Sa Sainteté fut placée sur le dos d'un éléphant. Ch'eng-Tsu l'accueillit en personne avec une profusion de magnificence qu'on ne voyait que dans ses palais. Il lui offrit une Roue du Dharma[3] et reçut en retour une conque blanche - pour les Tibétains, signe d'heureux auspices.

Les Ming prêtaient aux Karmapas la possibilité de faire apparaître des arcs-en-ciel, de faire pleuvoir des edelweiss sur leurs prairies desséchées, d'arrêter les tempêtes et les épidémies, de rendre la vue aux aveugles... En Chine, Deshin Shekpa accomplit un miracle quotidien pendant le nombre de jours que dura sa visite dans la capitale impériale : une nuit, on aperçut, dans le lointain, des dieux parés des bijoux les plus rares, montés sur des lions et des éléphants blancs. Ch'eng-Tsu ordonna alors à ses meilleurs artistes de peindre ces événements sur un parchemin en soie. On lui prêta encore l'intention d'envahir le Tibet, dans le but d'unifier l'ensemble des écoles bouddhistes en une seule, l'école Kagyu.

Le cinquième Karmapa expliqua à Ch'eng-Tsu que les hommes avaient chacun des aspirations et des tendances différentes. La raison d'être de la diversité des

---

1. 1368 à 1644. En 1403, Pékin devient définitivement la capitale de l'Empire.
2. 1402-1424.
3. Roue de la vie, symbole du bouddhisme.

enseignements du Bouddha et de l'existence des différentes écoles est de répondre aux besoins spécifiques de tous les types humains.

« J'en suis, moi aussi, intimement convaincu, m'a confié le dix-septième Karmapa... Nos écoles - Nyingma, Sakya, Kagyu, Guélouk - doivent chacune conserver leurs propres spécificités. »

Ordonnant de retirer immédiatement ses troupes des frontières sino-tibétaines, l'empereur demanda au cinquième Karmapa de lui enseigner le Dharma, remède aux inévitables maux de l'existence. Cette requête fut acceptée.

Selon le Bouddha, un être doit développer conjointement la compassion et la sagesse pour réussir à atteindre la perfection. Lorsque le chemin[1] a été entièrement parcouru, le pratiquant devient lui-même un Bouddha ou Éveillé, c'est-à-dire un être qui a éveillé en lui toutes ses potentialités et qui les a portées à leur plein épanouissement. Le message fondamental du Bouddha est que tous les êtres possèdent en eux de façon équivalente la nature de bouddha qui est la potentialité de devenir Bouddha.

Plus tard, au cours d'une des initiations données par le cinquième Karmapa, l'empereur Ch'eng-Tsu,

1. Terme aux multiples significations. C'est la voie de développement spirituel, la pratique. Les cinq chemins sont les moments successifs de la réalisation spirituelle, incluant l'ensemble des étapes de la voie.

devenu un pratiquant fervent, eut la vision de la coiffe noire que portent les Karmapas sur leur tête. Conscient qu'il était l'un des rares à la voir, il en fit confectionner une réplique, avec l'accord de Deshin Shekpa, et la lui offrit.

Aujourd'hui, s'il appartient fort logiquement à Trinley Thayé Dordjé, le dix-septième Karmapa, de la porter à son tour, celui-ci semble convaincu que son activité n'est aucunement dépendante de cette coiffe - ou de tout autre objet matériel d'ailleurs -, et qu'elle ne doit pas représenter un élément de conflit entre les bouddhistes.

*

* *

Voilà donc des siècles que les Karmapas diffusent les enseignements du Bouddha. L'activité de Trinley Thayé Dordjé, guide spirituel de dix-sept ans, s'inscrit de même dans le troisième millénaire. Hier, il s'exprimait devant des milliers de disciples à Taïwan, à Singapour, en Malaisie, en Allemagne, en France, en Pologne, en Espagne, en Suisse, au Danemark. Demain, il continuera de diffuser ailleurs encore ses paroles de sagesse et d'amour.

3
La décision de devenir bouddhiste ne se prend pas sur un simple coup de tête

Au Bost, par temps clair, c'est de ma terrasse que j'observe le soleil couchant qui enflamme le toit doré du temple, et je pense à tous les êtres vivants qui, tous, désirent, sans exception, le bonheur, mais qui ne font que créer leur propre souffrance. Le samsara, ou cycle des existences, est absurde. Je ne peux ressentir que de la compassion envers ceux qui sont dans l'aveuglement, et souhaiter leur montrer les causes de la souffrance et le chemin du bonheur. J'espère, par ma conduite, être un exemple que tous puissent suivre, pour atteindre l'Éveil.

Durant tous ces mois à sillonner l'Europe et une partie de l'Asie, les rencontres avec les lamas, les moines et les disciples des différents pays visités, les enseignements que j'ai donnés en divers lieux ont été pour moi des moments d'un bonheur intense, et m'ont permis d'enrichir mon existence actuelle, tout en poursuivant – vingt ans après sa mort – l'œuvre de mon prédécesseur.

Un événement particulier est cependant venu me rappeler de quelle manière tout est si éphémère dans la vie. Cela s'est produit un dimanche de juin à Valderoure, dans l'arrière-pays niçois... Une pluie glaciale balayait le plateau. Les gens, venus parfois de très loin, n'avaient pas hésité à braver les intempéries pour rejoindre le lieu.

J'étais heureux de leur venue et de leur engagement dans la voie de la libération. Les outils qu'ils retireraient des enseignements leur permettraient à coup sûr de mieux comprendre les souffrances qu'ils traversaient et, de ce fait, de les diminuer.

> *Le Bouddha a dit : « Moines et érudits, comme on analyse la pureté de l'or, en le coupant et en le chauffant, de même analysez entièrement ce que je dis, et n'adhérez pas à mes dires seulement par respect pour moi. » L'enseignement du Bouddha n'est pas fondé sur une croyance aveugle.*
>
> *La décision de devenir bouddhiste ne se prend pas sur un simple coup de tête. C'est après une mûre réflexion sur l'enseignement du Bouddha, que nous sommes amenés à prendre refuge et à développer l'esprit d'éveil –* la bodhicitta *–, c'est-à-dire à orienter notre esprit vers l'état de bouddha. Mais, rien ne nous oblige à*

prendre refuge[1] et à pratiquer le Dharma, sinon notre compréhension de l'extraordinaire bienfait qu'il peut nous apporter.

Alors que la pluie redoublait, que les rafales de vent s'engouffraient furieusement dans le chapiteau, j'avais l'impression d'être à bord d'un vaisseau dont les voiles craquaient de partout. La douleur à l'aine, apparue depuis quelques jours déjà, ne s'estompait pas, et je devais redoubler d'attention pour manier les objets rituels durant les cérémonies et les enseignements.

Quelques jours plus tard, à Zurich, le médecin exigea une hospitalisation d'urgence. Ce mal sournois – une simple appendicite au départ – s'était finalement transformé en pérotinite aiguë. J'en tirai donc un enseignement :

La maladie est imprévisible, ainsi que la mort. Il faut donc essayer de ne pas gaspiller l'opportunité que nous avons d'accomplir notre bien ultime – l'Éveil – et celui des autres.

*

* *

Le Karmapa n'avait rien dit à personne, parce qu'il ne s'inquiétait pas de sa maladie ; il tint même encore pendant quelques jours... Lors des enseignements qu'il a donnés à Nice et à Valderoure, il était apparu fatigué.

---

1. On devient bouddhiste en prenant refuge dans la trinité manifestée par les Trois Joyaux : Bouddha, Dharma, Sangha.

C'est évident, une lourde responsabilité pèse sur lui. À ses côtés, je me suis souvent demandé comment il pouvait y faire face, à un âge aussi jeune. Car, c'est un fait, même précocement très mûr, il n'a que dix-sept ans. Il laisse parfois - et c'est un véritable bonheur pour ceux qui en sont les témoins - éclater la force, l'enthousiasme et la vivacité de sa jeunesse. Un aspect de lui m'a particulièrement amusé, c'est son rapport très particulier à la nourriture. En tant que Khampa, il affiche un goût et un enthousiasme prononcés pour des plats si épicés que nos bouches et estomacs occidentaux ne pourraient y résister. Je ne suis d'ailleurs pas sûr qu'il retrouve le même plaisir avec les hamburgers et les pizzas qu'il se plaît quelquefois à choisir depuis qu'il est en Occident. Mais, même la nourriture est pour lui enseignement.

Il est important de faire attention à ce que l'on mange et à notre manière de manger, car beaucoup de nos maladies viennent de cette inattention. Le Bouddha a conseillé à ses moines de se nourrir de la manière suivante : « Remplissez votre estomac seulement d'une moitié de nourriture, d'un quart de liquide, et laissez toujours le dernier quart vide. »

Mangez toujours de manière tempérée.

Pensez aussi que vous ne vous nourrissez pas seulement pour vous-même, mais également pour tous les milliards d'êtres minuscules qui sont en vous.

Faites des souhaits, afin que vous puissiez un jour les nourrir des enseignements du Bouddha, comme vous les nourrissez aujourd'hui de nourriture.

Trinley Thayé Dordjé se souvient parfaitement de son hospitalisation dans une clinique zurichoise. Une heure plus tard, il entrait dans le bloc opératoire. Il raconte :

« Tout s'est alors précipité. Le bloc, les lumières crues et, autour de moi, tout ce remue-ménage - des infirmières, du chirurgien... - m'a très vite fatigué. J'ai fermé les yeux et, juste avant l'anesthésie, j'ai eu le temps de songer à nouveau à mes responsabilités envers les autres et à ma propre mort. »

Les bouddhistes pensent que les très grands maîtres réalisés, tels que les Karmapas et les bodhisattvas, choisissent de quitter leur corps quand ils le veulent, mais peuvent également être appelés à se manifester pour le bien des êtres, indépendamment de leur désir, car leur activité dépend du karma des êtres...

Une question que je me suis empressé d'aborder avec Lama Jigme Rinpoche[1], à Dhagpo et avec Lama Yéshé, au Bost : dans le bouddhisme vajrayana[2], il y a effectivement un lien sacré, un lien initiatique appelé samaya, qui doit être impérativement respecté par le maître comme par le disciple. Le fait que des disciples rompent ces vœux, peut être également nuisible à la santé et à la longévité du maître. C'est sans doute une des raisons pour lesquelles certains maîtres tibétains ne vivent pas très vieux.

Le seizième Karmapa, hospitalisé à Zion dans l'Illinois, souffrait d'un cancer généralisé. Alors que ses fonctions vitales s'affaiblissaient d'heure en heure,

1. Représentant de Trinley Thayé Dordjé en Europe.
2. Le « Véhicule Adamantin », enseignements ésotériques du bouddhisme.

il ne se montrait nullement affecté par les souffrances de la maladie, en conversant, comme si de rien n'était avec son entourage, et se souciant davantage de leur bien-être que du sien. Sa Sainteté maîtrisait à l'évidence tout ce qui lui arrivait, et est morte, quand elle l'a voulu. Au moment de la mort, les pratiquants réalisés restent souvent en samadhi, ce qui se manifeste par une certaine présence de chaleur dans le corps, et la non-putréfaction du corps durant les trois ou quatre jours qui suivent la mort clinique. Le docteur Radulfo Sanchez, chef de service dans lequel se trouvait le seizième Karmapa, fit ce témoignage : « Je me rendis dans sa chambre, trente-six heures environ après son décès. Je tâtai la région du coeur : elle était plus chaude que le reste du corps. Il n'y a à cela aucune explication médicale[1] ».

Comme pour le Bouddha qui a prolongé sa vie de trois mois pour ses disciples, les Karmapas ou d'autres grands maîtres du bouddhisme tibétain ne sont pas là pour eux-mêmes. Si les êtres témoignent d'un besoin, d'une attention, ils ont une raison de continuer à vivre ; si leur activité devient inutile, c'est très simple : ils ne se manifestent plus ! Si les conditions pour son activité ne sont pas réunies, le bodhisattva peut se manifester, mais repartir tout aussi vite.

*

* *

1. *His Holiness in Zion, Illinois,* dans la revue « Vajradhatu Sun », 1982.

Je me suis réveillé d'un sommeil très profond et lourd. J'étais seul dans une chambre. J'ai alors vu la lumière du soleil qui entrait par la fenêtre. Ne sachant pas si on m'avait déjà opéré, j'ai essayé de me lever, et c'est alors que j'ai senti une douleur dans l'aine due à l'opération. Alors, vint le chirurgien qui m'expliqua que tout cela était normal après une telle intervention, que j'aurais encore mal pendant quelques jours, voire quelques semaines.

J'ai beaucoup réfléchi depuis..., et j'ai fait ce constat : si je ne m'étais pas trouvé à cette époque-là en Europe, j'aurais déjà perdu la vie. Je me suis remémoré Shantidéva...

« Quand vous êtes fort et en bonne santé,
Vous ne pensez pas à la maladie qui peut survenir ;
Mais elle vous frappe
Avec la force soudaine de l'éclair. »

4
La vie tout entière est un apprentissage

La conception, la naissance et l'enfance de la plupart des grands maîtres tibétains sont toujours le théâtre d'événements prodigieux, que nous, Occidentaux, pouvons comparer à des miracles. Ils sont souvent liés aux qualités exceptionnelles de ces personnages qui se manifestent dans notre monde. Nous nous émerveillons volontiers à entendre ou à lire de belles histoires sur la multiplication des signes de bon augure, auxquels la nature elle-même participe habituellement pour témoigner de la joie que nous procure le retour d'un bodhisattva. Dès qu'il ouvre les yeux, un tulkou réincarné adopte un comportement qui ne laisse aucun doute sur ses capacités. Rien ni personne ne peut généralement le détourner du chemin qu'il a décidé de prendre…

Ainsi, Kalou Rinpoche, un haut dignitaire de la tradition Kagyu, fut respecté par tous pour son immense sagesse et sa compassion... Ses parents étaient profondément engagés dans la voie spirituelle. Le père et la mère rêvèrent un jour, en même temps et au même moment, qu'un grand maître, Jamgom Kongtrul, viendrait bientôt leur rendre visite. Quelque temps après, la jeune femme s'aperçut qu'elle était enceinte. L'histoire dit aussi qu'elle était joyeuse et se sentait légère tout le temps de sa grossesse, et que le moment de la naissance de Kalou Rinpoche fut entouré de l'apparition d'une multitude d'arcs-en-ciel, présages chez les Tibétains de l'arrivée d'une importante réincarnation. Très tôt, l'enfant manifesta un goût prononcé pour la pratique de l'enseignement du Bouddha, récitant continuellement des mantras et distribuant des bénédictions à tous - même aux animaux... C'est à l'âge de treize ans que Kalou Rinpoche entra au monastère et qu'il prit les vœux de moine. Il consacra alors le reste de sa vie à la tâche qu'il s'était assignée en arrivant dans ce monde, qu'il quitta le 6 mai 1989.

Le cas de Lama Guendune Rinpoche est quasiment identique. L'endroit du Tibet où il vint au monde était un endroit merveilleux, tel que seul on peut en rencontrer sur le Toit du monde. C'est là qu'un grand yogi, Samgye Yerpa, méditait dans une grotte et finit par obtenir l'Éveil. On raconte volontiers qu'apparaît aujourd'hui encore sur un rocher l'empreinte de la roue du Dharma - symbole des enseignements du Bouddha -, preuve de sa réalisation. C'est très jeune que Lama Guendune Rinpoche éprouva une réelle attirance pour la pratique bouddhiste. Son père, qui était un sculpteur de mantras sur bois et sur pierre, tenta bien d'initier son fils à son métier. En vain. Celui-ci ne se plaisait qu'en posture de méditation. Ses passe-temps préférés consistaient à imiter les yogis, à réciter des prières, à construire des trônes avec des pierres pour s'y asseoir et donner des initiations. Il raconta lui-même qu'il prit très vite conscience de la vanité des préoccupations liées au monde et des souffrances de tous les êtres, mais il comprit aussi que celles-ci étaient dépendantes de la somme de leurs actions dans leurs vies passées. Se sentant empli de compassion à leur égard, il décida tout naturellement de se consacrer à eux. Il entra au monastère à l'âge de sept ans et s'adonna à la méditation, afin de développer en lui les qualités lui permettant d'accomplir son œuvre.

Lama Jigme Rinpoche, quant à lui, naquit, en 1949, dans une région du Tibet où coule un grand fleuve, très large, de couleur habituellement ocre. Le jour de sa naissance, sans que personne ne pût en expliquer la raison, l'eau devint toute blanche. Des fleurs poussèrent un peu partout, en des endroits où il n'y en avait jamais eu auparavant..., autour de la maison et même à l'intérieur. Lama Jigme Rinpoche manifesta très tôt des dons très particuliers : il lisait dans le passé, disait l'avenir des gens, tout en connaissant parfaitement leur présent. Il perdit son père très jeune et fut alors élevé par le seizième Karmapa qui se chargea de transmettre - à lui et à d'autres jeunes tulkous - les fondements du bouddhisme tibétain.

En 1974, le Karmapa l'envoya en Europe, accompagné par Lama Guendune Rinpoche et son disciple, Lama Pourtsela, afin d'y dispenser les enseignements du Bouddha à ceux qui le demanderaient. Le seizième Karmapa le chargea de veiller au développement de Dhagpo Kagyu Ling et lui demanda d'être son représentant en Europe.

Sa Saintetété souligna enfin en évoquant son neveu : « En la personne de Lama Jigme Rinpoche, je vous laisse mon cœur. »

La boucle est aujourd'hui bouclée, et Lama Jigme Rinpoche s'est tout naturellement mis au service du dix-septième Karmapa, Trinley Thayé Dordjé.

La naissance et l'enfance de Sa Sainteté sont également placées,selon des sources concordantes, sous la manifestation d'événements annonçant l'arrivée de hautes réincarnations. Remontons dans le temps... Dechen Wangmo va donner le jour à un petit garçon qu'elle appellera Tenzin Khyentsé[1]. Quelques contractions, les premières douleurs..., ce sera pour le petit matin, à l'issue d'une grossesse qui aura duré dix mois et dix jours. La future maman sait déjà que tout se passera bien. Dans la nuit, elle a fait un rêve : un homme grand, noir, portant une longue barbe blanche lui est apparu. Il ne l'effraie plus, comme cela a été le cas la première fois qu'elle a eu cette vision. Elle entend encore le rire bruyant et saccadé de Mipham Rinpoche, quand elle lui a fait cette confidence :

1. Prénom de Sa Sainteté, donné à sa naissance. On lui donnera son nom officiel de Trinley Thayé Dordjé, une fois qu'il aura été reconnu.

– Tu ne dois pas avoir peur de cet homme, lui avait répondu son mari d'une voix rassurante. Vois-le comme un protecteur.

Ce fut d'ailleurs le cas lors de cette deuxième apparition. Dès qu'elle eut cette vision, les douleurs et l'angoisse qu'elle éprouvait juste avant l'accouchement disparurent comme par enchantement. Le bébé ne pleura pas à la naissance. Elle portait sur elle la chemise que lui avait confiée son mari, lorsqu'il avait dû la laisser seule à Lhassa, enceinte de quatre mois, pour se rendre dans un de ses monastères du Kham.

– Porte cette chemise jusqu'à la naissance de l'enfant, lui avait-il dit avant de partir... Elle te protégera. Ne mange pas de viande et sois très attentive. Veille sur toi et sur notre fils.

Malgré l'absence de son mari, Dechen Wangmo se sentait très heureuse, si légère et si épanouie !

Au moment de son accouchement, il n'y eut pas de sang, mais uniquement un liquide aussi blanc que le lait. Ce jour-là, le 6 mai 1983, la pluie diminua d'intensité sur la ville, dans le Kham et dans la vallée où se trouvait la demeure familiale. Les ultimes échos du tonnerre s'estompèrent rapidement, et un arc-en-ciel apparut au-dessus des monastères de Mipham Rinpoche. Autant de signes de bon augure.

Plusieurs témoins ont par ailleurs souligné que le petit Tenzin Khyentsé n'était pas un bébé ordinaire. Sa naissance le prouve : la durée de la grossesse, les rêves de la maman, le liquide blanc à la place du sang... Par la suite, l'enfant a voulu exprimer très vite le fait qu'il était le Karmapa. Il avait tout juste six mois quand sa mère a reçu la visite d'Ama Dordjé Khandro, une parente du seizième Karmapa. Le petit Tenzin Khyentsé était assis sur les genoux de sa maman. La femme s'est agenouillée devant lui. Il lui a alors tendu la main, en lui disant :

– Je suis le Karmapa.

Ama Dordjé Khandro observa longuement le bébé. Rien n'indiquait qu'elle le crût ou non. Elle rejeta simplement la tête sur le côté et éclata en sanglots. C'était la toute première fois que Tenzin Khyentsé affirmait être le Karmapa, alors qu'il ne savait même pas encore parler.

Quelques jours plus tard, Ama Dordjé Khandro est revenue à la maison lui offrir des vêtements. Elle s'est ensuite tournée vers Dechen Wangmo et lui a dit :

– Je suis si heureuse de savoir que le Karmapa est revenu. Connaissant bien ses nouveaux parents – vous, Dechen Wangmo, et votre mari, Mipham Rinpoche –, je ne me fais plus aucun souci pour lui. Je peux maintenant partir en paix.

Ama Dordjé Khandro décéda peu de temps après cette visite.

> *Les disciples du Bouddha considèrent que la vie tout entière est un apprentissage. Si l'existence est agréable ou désagréable, ce n'est pas du fait d'un hasard ; c'est obligatoirement le résultat de causes antérieures. Sachant que telle cause produit tel effet, quelqu'un qui goûte dans cette vie aux bienfaits d'un karma positif antérieur bénéficie de ce qu'ils nomment la rétribution karmique.*
>
> *Accumuler des mérites, c'est engranger des karmas positifs, c'est d'abord une intention, et*

ensuite la mise en œuvre de cette intention. L'apprentissage spirituel donne des moyens, des méthodes, des pratiques, des techniques, un mode de comportement ou de conduite dans la vie de tous les jours pour développer une forme d'attitude qui ne nuise pas aux autres et si possible qui soit bénéfique aux autres.

En 1959, alors qu'il s'apprêtait à fuir le Tibet pour de longues années d'exil, le seizième Karmapa avait tenu à Ama Dordjé Khandro des paroles lourdes de sens :

– Ne sois pas triste ! Avant ta mort, tu me rencontreras à nouveau.

Convaincue que Tenzin Khyentsé était la réincarnation du seizième Karmapa, décédé en 1981, elle avait, à titre gracieux, mis à la disposition de Mipham Rinpoche et de Dechen Wangmo l'appartement qu'ils ont occupé jusqu'en mars 1994, une demeure située dans le quartier du Barkhor, à quelques pas du Jokhang.

« Mes parents et mon petit frère occupaient le dernier étage, m'a expliqué Trinley Thayé Dordjé… Ma grand-mère et moi partagions le rez-de-chaussée avec mon oncle. Aussi ne manquais-je jamais une occasion d'aller, tôt le matin, par les ruelles conduisant au Jokhang, pour prier aux pieds du Jowo… Je restais alors dans le temple, dans l'ombre de la statue la plus vénérée des Tibétains. »

Le père de Sa Sainteté, quant à lui, est la troisième réincarnation de Mipham Rinpoche, abbé de treize monastères nyingmapas[1] dans le Kham et descendant de docteurs en médecine tibétaine de grande réputation. Il a longtemps gardé le silence sur le réel statut de son fils, pour le protéger, car, depuis 1992, un autre enfant avait été reconnu par le gouvernement communiste chinois comme étant le Karmapa.

*

* *

En 1985 - Tenzin avait deux ans à peine -, il se tenait à une fenêtre de l'appartement. Un vieux lama qui circumambulait le Jokhang croisa son regard. Intrigué par la pâleur de son visage, il s'arrêta, et s'approchant du garçonnet, un sourire radieux sur les lèvres :

– Je m'appelle Ngorpa Lagen, lui dit-il... Et toi, petit garçon, quel est ton nom ?

– Ne sais-tu donc pas que je suis le Karmapa ?

À cette réponse, on put lire la surprise dans les yeux du moine.

– Si tu es le Karmapa, bénis-moi donc ! demanda-t-il sur un ton rieur.

L'enfant apposa les mains sur les tempes ridées du lama, un geste naturel accompli sans la moindre hésitation. Le vieil homme resta complètement interdit, et dit avoir ressenti une expérience de profonde absorption méditative.

Quelques jours plus tard, Ngorpa Lagen, accompagné par plusieurs chefs de famille, vint consulter le père de Tenzin Khyentsé, afin de déterminer avec lui

---

1. De l'école Nyingma, une des quatre écoles du bouddhisme tibétain.

le lieu de leur prochain pèlerinage. Le vieillard aperçut l'enfant dans un coin de la pièce où il jouait, seul. Le lama raconte que Tenzin Khyentsé a aussitôt interrompu son jeu, pour mieux l'observer. « Sa présence me troublait, avouera-t-il un peu plus tard... »

La conversation se déroula ensuite avec Mipham Rinpoche, comme si rien ne s'était produit.

– Combien de familles feront ce déplacement ? demanda le père de Tenzin Khyentsé.

– Sept, répondit le lama...

– Huit ! s'exclama soudain l'enfant, en se redressant.

Mipham Rinpoche regarda son fils avec étonnement, fit aussitôt recompter le groupe : ils étaient bien huit !

Ngorpa Lagen, qui avait donc entrepris son pèlerinage, arriva un jour à Katmandou, où Lama Sherab Gyaltsen, disciple du seizième Karmapa, dirigeait les rituels d'offrandes dans la capitale népalaise. Le vieil homme y participa et demanda ensuite à être reçu par le maître, à qui il raconta l'histoire du petit garçon, rencontré à Lhassa, qui prétendait être le dix-septième Karmapa. Pour le lama, il n'y avait pas l'ombre d'un doute possible : cet enfant disait la vérité, parce que seul un être réalisé tel que le Karmapa pouvait, en le bénissant, lui faire faire l'expérience d'un tel état de méditation.

Ngorpa Lagen fut très convaincant dans son récit. Lama Sherab Gyaltsen et son intendant, Tcheupel Zangpo, décidèrent de se rendre le plus rapidement possible à Tsurphu, le siège des Karmapas au Tibet, et de s'arrêter en cours de route à Lhassa pour une visite de courtoisie à Mipham Rinpoche qui, souvent sollicité par les uns ou par les autres, ne s'étonnerait pas d'une arrivée impromptue dans sa demeure.

Dans la capitale tibétaine, ils firent savoir à Mipham Rinpoche qu'ils souhaitaient parler à son fils Tenzin Khyentsé. Le petit garçon jouait dehors.

– Si vous voulez l'attendre, répondit Mipham Rinpoche... Mon fils ne saurait tarder.

La conversation allait bon train : la situation au Tibet, le rôle tenu par le dixième Panchen-Lama que Mipham Rinpoche rencontrait de temps à autre... Dès que l'enfant eut franchi la porte, les deux hommes se levèrent. Comme ils s'inclinaient respectueusement devant lui, il répondit à leur salut et il s'installa en tailleur aux côtés de son père.

Lama Sherab Gyaltsen a fait état de cette rencontre très particulière. L'enfant ne parlait pas, mais il écoutait avec beaucoup d'attention les propos du lama. La conversation s'était tout naturellement portée sur Dechen Wangmo, sa mère... Mipham Rinpoche raconta qu'au début des années 1980, son yidam[1] lui avait prédit que, s'il se mariait, des fils naîtraient de cette union, et qu'ils seraient de grands bodhisattvas. Le lendemain de cette prédiction, des Khampas, en pèlerinage à Lhassa, passèrent par son monastère ; parmi eux se trouvait Dechen Wangmo, sa future épouse.

– Est-elle auprès de vous actuellement ? demanda Lama Sherab Gyaltsen après cette évocation.

1. Divinité tutélaire.

– Non, répliqua Mipham Rinpoche. Elle accomplit une retraite de Chakrasamvara[1].

Après avoir quitté l'appartement, l'intendant dit à son maître avoir ressenti en lui, tout le temps que dura l'entretien, quelque chose d'étrange, une sensation partagée par Lama Sherab Gyaltsen.

Des pratiquants occidentaux racontent qu'il est fréquent, au moment ou à la suite d'une rencontre avec un grand maître, qu'on ressente toutes sortes de sensations, notamment une présence bienfaitrice... On éprouve, par exemple, le sentiment que le maître sait tout de vous, qu'il lit dans votre esprit comme dans un livre. Enfin, se dégage une impression de bien-être, de complète harmonie qui nous fait penser que nous sommes sur le bon chemin. Mais, la sérénité, la bonté et la force spirituelle qu'il dégage ne sont en réalité que le reflet de nos propres qualités qui sont le plus souvent ignorées, mais qui trouvent en la circonstance leur propre écho.

1. Principale divinité de méditation pratiquée dans la lignée Kagyu.

5
Un procédé de divination

Les relations entre Trinley Thayé Dordjé et Shamar Rinpoche se placent à un niveau de conscience que seuls les bodhisattvas et les êtres réalisés peuvent atteindre. Émanation d'Amitabha, le Bouddha de lumière infinie, Shamar Rinpoche est la quatorzième réincarnation de sa lignée[1].

Le deuxième Karmapa avait prédit qu'il se remanifesterait en deux personnes. Celles-ci ont été reconnues à travers l'histoire du Tibet comme étant le Karmapa à la coiffe noire et le Karmapa à la coiffe rouge. Le seizième Karmapa n'a cessé de rappeler que Shamarpa et lui-même étaient les manifestations de la même personne réalisée.

Il revenait donc tout naturellement à Shamarpa de reconnaître le Karmapa et d'être le maître spirituel du

1. Le premier Shamarpa est apparu en 1283.

dix-septième Karmapa Trinley Thayé Dordjé, afin de lui transmettre l'ensemble des enseignements de la lignée, ainsi que les enseignements oraux qui ne sont transmis que de détenteur de lignée à détenteur de lignée.

En 1986, alors qu'il supervisait à New Delhi la construction du *Karmapa International Buddhist Institute* - plus communément appelé *Kibi* -, Shamar Rinpoche reçut la visite de Chobgye Trinchen Rinpoche, le plus âgé des érudits tibétains, que la communauté tout entière - y compris Sa Sainteté le Dalaï-Lama - considère comme un saint homme. Le seizième Karmapa avait beaucoup d'estime pour ce maître exceptionnel de l'école sakyapa. Ses révélations furent capitales :

« J'ai récemment fait un rêve, confia-t-il à Shamar Rinpoche... Il était très tôt le matin et j'ai vu Sa Sainteté le seizième Karmapa, revêtu des robes du Dharma, tournant autour du stoupa[1] de Bodnath[2] en récitant des mantras. Il m'apparut d'une extrême faiblesse. Je me souviens avoir crié dans mon rêve, car je savais que le Karmapa allait quitter son corps... Cependant, j'ai fait un autre rêve, juste avant d'arriver à New Delhi, dans lequel Sa Sainteté faisait toujours des circumambulations d'un stoupa. Mais, la couleur jaune de ses robes était particulièrement étincelante. Le Karmapa portait la coiffe de Gampopa et se montrait extrêmement souriant. »

Le jour même où Chobgye Trinchen Rinpoche eut cette vision, un de ses proches lui remit une photo sur

---

1. Monument religieux contenant souvent des reliques.
2. Lieu de pèlerinage très connu près de Katmandou.

laquelle l'actuel Karmapa devait avoir trois ans. Il la montra à Shamar Rinpoche :

« Il me semblait important de vous entretenir de tout ceci, lui dit le vieux maître... Vous êtes l'actuel Shamarpa, et il est bien connu dans l'histoire de la lignée kagyupa, que les Shamarpas et les Karmapas sont inséparables et connus en tant que Karmapas à la coiffe rouge et Karmapas à la coiffe noire. »

C'est en juillet 1988, presque deux ans après cette rencontre révélatrice et après différentes autres recherches, que Shamarpa décida d'entrer en retraite, la méditation étant dans ce cas l'unique moyen de confirmer ce qui à ses yeux et à son cœur ne faisait plus l'ombre d'un doute.

Shamar Rinpoche raconte que, au matin du septième jour de retraite, le seizième Karmapa lui apparut en rêve :

« Assis sur un siège, Sa Sainteté accomplissait un rituel pour les morts afin de les libérer des souffrances du monde (cette pratique est également destinée aux personnes gravement malades). Elle me dit alors : "Maintenant que j'ai libéré les êtres que je devais libérer, je peux aller là où tu le désires !" »

Le lendemain, Shamar Rinpoche fit un autre rêve :

« Je m'apprêtais à consacrer une immense statue du Bouddha entièrement recouverte d'or. À ses pieds, les disciples avaient déposé plusieurs rangées de bols d'offrande remplis d'eau parfumée. Comme l'exige notre coutume, le lama jette en l'air des grains de riz pour consacrer la statue. Ceux que je lançais, se démultiplaient et se répandaient en pluie sur le

Bouddha. Derrière cette statue, je voyais une multitude d'autres représentations, au milieu desquelles une lampe à beurre était remplie à ras bord ; en son cœur, à la place de la flamme, une boule diffusait une lumière éclatante… Je tenais enfin la confirmation que Tenzin Khyentsé était la réincarnation que je recherchais. Ce jour-là, j'ai pris la décision de me rendre incognito à Lhassa pour mieux pouvoir l'observer… »

Shamar Rinpoche commença alors pour moi le récit de son voyage dans la capitale tibétaine. Ce fut un choc. Il ne restait pas grand-chose de l'ancienne « cité interdite ». Lhassa, transformée en une ville typiquement chinoise, grouillait de soldats. Difficile de se fier au premier Tibétain venu. Celui-ci pouvait fort bien être à la solde des autorités communistes. Rien d'étonnant dès lors que Shamar Rinpoche se fût senti « discrètement » surveillé.

« Je n'étais jamais allé à Lhassa, confie-t-il… J'imaginais très grand le quartier du Barkhor. Je me trompais : on se serait plutôt cru dans un petit monastère. Impossible de se fondre dans la foule. Il y avait des marchands venus du Tibet, de l'Inde, du Sikkim, du Népal… À tout instant je risquais d'être reconnu. On m'avait déjà averti que les autorités locales épiaient mes moindres faits et gestes. Entrer dans une famille pour observer un enfant devenait dès lors pure folie… J'étais entré au Tibet via Hong Kong et Chengdu, pensant même me rendre, au cours de mon périple, à Tsari et sur les rives du lac Blanc pour y faire une retraite de sept jours. En vain. Je fus obligé de changer tous mes plans. J'entrepris finalement un voyage dans la région de Namtso, au nord du pays. De retour à Lhassa, je pris le premier avion pour Katmandou, avec des regrets plein le cœur… »

Ces regrets allaient très vite s'estomper. Shamar Rinpoche se devait de poursuivre coûte que coûte ses recherches. Surtout, il devait avoir une dernière confirmation qu'il ne s'était pas trompé. Un moment crucial dans la confirmation que le fils de Mypham Rinpoche était bien le dix-septième Karmapa !

« Il arrive, explique Shamar Rinpoche, que les maîtres chargés de trouver un enfant réincarné utilisent, au cours d'une méditation, un procédé spécifique de la divination, utilisé dans le bouddhisme tibétain. Celui-ci se fait généralement dans un lieu sacré. Concernant Tenzin Khyentsé, j'avais demandé à Lama Tsultrim Dawa, un de mes proches conseillers, ainsi qu'à d'autres lamas pleinement qualifiés, en qui j'avais entière confiance, de se rendre dans les divers lieux de pèlerinage, ainsi que devant des statues et des objets sacrés de la lignée, afin de faire cette divination. Les différentes possibilités qui m'étaient offertes étaient inscrites sur de petits morceaux de papier : sur l'un, le fils de Mypham Rinpoche était le Karmapa ; sur l'autre, il n'était pas la réincarnation recherchée. Les divinations faites en divers lieux par diverses personnes et moi-même ont toutes donné la même réponse : "Le fils de Mypham Rinpoche est le Karmapa." »

Laissons à Sa Sainteté Trinley Thayé Dordjé le soin de raconter son départ de Lhassa et sa toute première rencontre avec Shamar Rinpoche…

6
Refusez de considérer la solitude comme une souffrance

Depuis plusieurs mois déjà, mon père m'avait ramené dans notre demeure familiale du Kham. L'heure était proche de devoir la quitter. Je savais déjà que je ne revivrais plus les instants magiques de mon enfance. Une page de ma vie se tournait.

Je décidai de sortir et de me rendre en un endroit de la vallée, oublié des hommes pour des raisons que j'ignorais. J'empruntai un chemin continuellement balayé par un vent tourbillonnant. L'herbe était rare. Il fallait marcher deux bonnes heures pour atteindre ce lieu.

J'arrivai au pied d'un torrent que je traversai en aval. Une eau glaciale m'encerclait. Je n'avais jamais vu une eau de cette couleur : un mélange d'or et d'ombre qui me paraissait complètement extraordinaire. Il y avait de la végétation, à laquelle je pouvais m'accrocher pour traverser. Et le courant était faible, si faible qu'il en devenait presque imperceptible. La lumière me guidait, un rayon de lune m'accompagnait. Je m'assis et me remémorai les visages de mon père et de ma mère qui me souriaient tendrement. J'oubliai l'enfant que j'étais encore pour mieux m'établir dans l'homme, dans le pratiquant et dans le guide spirituel que je serais demain.

Bien que je dusse laisser mon pays des neiges éternelles derrière moi, tout augurait bien du succès de grands desseins. Je ne regrettais rien de ce que j'avais fait jusqu'à présent.

Le temps passa, incroyablement long, durant lequel j'observais les étoiles, les ombres qui couraient autour de moi, j'écoutais les bruits, les voix de la nuit. Tout autour de moi me paraissait si beau et je goûtais pleinement la tranquillité de ce moment. J'étais heureux, concentré sur un double objectif : acquérir un maximum de connaissances et œuvrer pour le bonheur d'autrui. Je veux soulager la souffrance de tous les êtres. Pour ce faire, je serai le guide, le médecin, le guérisseur aussi longtemps qu'il le faudra. Je m'efforçerai de protéger perpétuellement tous les êtres vivants… J'ai repensé aux paroles du Bouddha :

> « Cette existence qui est la nôtre est aussi éphémère que les nuages d'automne. Observer la naissance et la mort des êtres est comme observer les mouvements d'une danse. La durée d'une vie est semblable à un éclair d'orage dans le ciel. Elle se précipite, sans retour, tel un torrent dévalant une montagne abrupte. »

J'apprécie toujours autant ces moments de vraie solitude.

Refusez de considérer la solitude comme une souffrance. Puisez-y en revanche une force plus grande, afin de mieux encore prendre conscience des richesses que chacun d'entre nous peut développer.

L'esprit est continuellement agité par nos pensées d'espérance et de crainte qui ne nous laissent jamais aucun répit, et qui nous induisent souvent en erreur. Dans le bouddhisme, la première étape de la méditation consiste à comprendre à quel point nous sommes esclaves de ces agitations de l'esprit, et à arriver à les calmer. Pour ce faire, nous pratiquons la méditation de Shamatha, que tout le monde peut accomplir.

Nous fixons notre attention sur la respiration, une représentation imaginaire, ou autre... Notre attention se portera sur le support choisi sans être forcée ni distraite ; et nous laisserons les diverses pensées s'élever – sans les suivre ni les rejeter – puis se libérer d'elles-mêmes.

*
* *

Je quittai la demeure familiale du Kham dans la plus grande discrétion. Un long périple allait commencer, en voiture d'abord, par avion ensuite... Le crépuscule s'était changé en nuit. Il pleuvait, par rafales. Pour nous, Tibétains, c'est plutôt de bon augure. Au loin, se dessinait la chaîne himalayenne, massive, secrète. L'orage s'arrêta soudain. Le ciel devint alors profond et clair, tapissé d'étoiles. Là-haut, dans la Voie lactée, je voyais des étoiles qui brillaient plus intensément que les autres. Le berceau de la vie : le système solaire, issu de l'effondrement d'un gigantesque nuage de gaz interstellaire formé il y a environ 4,55 milliards d'années ; un milliard d'années plus tard, les premières cellules apparaissent sur Terre, de l'eau, du sable, des fleurs, des arbres et... la conscience.

Dans le bouddhisme, nous disons que tout est vacuité ou Shunyata, *en sanskrit. Cela ne signifie pas qu'il n'y a rien, ce serait alors affirmer une forme de nihilisme absolu. En disant que tout est vacuité, nous disons que toute chose, de par sa nature, n'a pas d'existence inhérente, c'est-à-dire qu'elle n'est ni existante, ni non existante, ni les deux – existante et non existante à la fois –, ni le contraire des deux.*

Il faut expliquer ce que nous entendons par « existant ». C'est la notion habituelle par laquelle nous saisissons les choses, c'est-à-dire en pensant qu'elles sont fixes, permanentes et véritables.

Ce qui est vrai est seulement la chose qui peut soutenir l'analyse, et à laquelle nous pouvons nous fier.

Toute chose se trouvant dans le temps ou dans l'espace est saisie soit comme une, ou comme mul-

tiple. Le un ne peut être trouvé, puisqu'il est divisible à l'infini, et le multiple n'est qu'une addition d'unités. Nous sommes donc amenés à déduire que un et multiple ne sont qu'une imputation arbitraire, ne relevant pas de la réalité, et donc une illusion.

De même, nous ne pouvons trouver un seul atome indivisible dans tous les univers de l'espace infini.

En réalité, aucune chose n'existe par elle-même. Tous les phénomènes sont interdépendants.

L'univers, les étoiles, la conquête spatiale sont des sujets qui m'intéressent beaucoup. *Star Wars* de George Lucas y est sans doute pour beaucoup. Quand mon emploi du temps et mes études me le permettent, j'aime regarder des DVD. J'ai appris par internet que Brian de Palma préparait une nouvelle odyssée dans l'espace. *Mission to Mars* sera probablement plus authentique que *Star Wars*. Les véhicules spatiaux du film existent à différents stades de développement à la NASA. C'est ce côté réel que j'apprécie... Une mission martienne en prévision d'une présence humaine sur la planète Mars, ce n'est plus seulement un rêve, c'est de l'ordre du probable dans ce troisième millénaire.

Les choses ne seront finalement pas différentes de ce qu'elles sont ici. Les craintes, les souffrances n'auront pas disparu, car elles font partie intégrante de notre esprit. Seul un travail, un entraînement de notre esprit à la paix intérieure, peut nous permettre de réellement connaître et de comprendre ce qui nous fait souffrir.

Toute souffrance en ce monde vient de la quête de notre propre bonheur.

Toute joie en ce monde vient de la quête du bonheur d'autrui.

Je consulte également le site internet de CNN pour me tenir informé de l'actualité dans le monde. J'ai appris avec intérêt que la NASA avait effectué sans dommage le centième vol de sa navette, qui a déjà vingt ans. Les journalistes de la chaîne américaine évoquaient par ailleurs la future station orbitale qui remplacera Mir, à laquelle collaborent des scientifiques et des techniciens américains et européens.

Je l'avoue, l'idée me plaît. Diffuser l'enseignement du Bouddha de là-haut ; à partir d'une station spatiale, parler à tous les êtres de sagesse, d'amour et de compassion, voilà ce que j'aimerais vivre un jour.

Une autre expérience également, plus physique, m'a aussi tenté : le parapente. Un jour que nous passions près du puy de Dôme, en Auvergne, j'ai vu des hommes s'élancer du volcan et s'envoler dans les airs. J'en ai discuté avec un moine du Bost qui connaît ce sport... Mais je l'ai jugé un peu trop inapproprié à mes responsabilités. Je pratiquerai donc d'autres sports.

*

* *

Je me suis souvent demandé quelle explication donner à cette volonté de Trinley Thayé Dordjé de vouloir soulager la souffrance de tous les êtres, préoccupation qui me semble quelque peu étrangère à son âge. Les réponses données par les textes et les lamas que j'ai rencontrés tiennent principalement au fait que l'activité des bodhisattvas, donc d'un Karmapa, est une activité complètement libre d'ego, une activité totalement désintéressée, entièrement dévouée au seul bien d'autrui. Cette capacité à aider les autres vient justement du fait d'avoir épuisé toutes les tendances des six passions – l'ignorance ou saisie d'un soi, le désir-attachement, la haine, l'orgueil, le doute et les conceptions erronées.

Quand on parle de cette vertu, c'est-à-dire de la bodhicitta, cela signifie que ces êtres-là sont libres de toute préoccupation personnelle. Les bouddhistes comparent souvent une personne ou un esprit immaculés à la lune qui, par sa blancheur, est immaculée aussi. Mais cette pureté n'est pas simplement pure pour elle-même, lointaine et inaccessible au monde des humains en souffrance. Il y a quelque chose de plus à prendre en considération, qui lui est intrinsèquement lié : la compassion.

Le symbole de cette compassion – c'est-à-dire la présence désintéressée de la sagesse et de l'Éveil dans le monde pour le bien des êtres – ce sont les taches sombres que chacun d'entre nous peut observer sur la lune. Selon la culture occidentale, celles-ci sont souvent associées à un visage de femme ou d'homme. Mais, quand on se trouve sur le plateau tibétain et qu'on y observe la lune, on la voit bien évidemment sous un tout autre angle qui nous fait identifier ces taches à la forme d'un lièvre.

Ce lièvre est pour les Tibétains le symbole de la compassion. Cette pureté étant en même temps sagesse, elle n'hésite pas à prendre des formes mondaines[1] - c'est-à-dire apparemment impures, comme les taches sur la lune - pour accomplir le bien de tous les êtres.

Ces taches sur la surface de la lune ne sont pas véritablement des taches ; elles sont une apparence, illusoire, d'une certaine forme d'ombres sur la blancheur de la lune ; mais, elles ne sont en aucun cas une souillure de la lune.

Les érudits tibétains utilisent volontiers cette comparaison pour décrire l'activité éveillée des bodhisattvas. Ceux-ci ont en effet la faculté de percevoir le monde d'un point de vue ultime, c'est-à-dire dépourvu d'existence inhérente. C'est parce qu'ils ont cette compréhension, qu'ils éprouvent une compassion infinie, en voyant la souffrance si absurde que, malgré leur soif de bonheur, les êtres vivants se créent, due à leur ignorance de la réalité ultime des choses.

1. En opposition à ce qui mène vers l'Éveil, ce qui est mondain mène vers plus de confusion et de souffrance.

7
Tout ce qui apparaît dans ce monde n'est rien d'autre qu'une illusion de l'esprit

À l'âge de onze ans, j'ai connu un grand bonheur. C'était en 1994. J'ai rencontré pour la première fois Shamar Rinpoche, à qui je suis lié depuis de nombreuses vies déjà... Je me souviens parfaitement de ce moment exceptionnel, et si heureux de sa présence qui m'a béni. C'était à New Delhi, où mon avion venait d'atterrir. Shamar Rinpoche m'attendait.

Je m'étais imaginé un homme plus âgé, plus auguste, portant peut-être une barbichette comme les vieux lamas du Tibet, entouré par de nombreux moines. Il n'en fut rien. Celui qui s'avançait vers moi n'était rien de tout cela. Shamar Rinpoche était un homme plein d'entrain, avec un sourire radieux qui illuminait son visage, ses yeux étincelaient d'un éclat joyeux.

Shamar Rinpoche me demanda :

— Avez-vous fait bon voyage, Gyalwa Karmapa ?

— Excellent, répondis-je.

— Avez-vous besoin de quelque chose ?

— Non, non.

— Il y a bien quelque chose qui vous ferait plaisir ? insista Shamar Rinpoche.

— Une voiture téléguidée, peut-être ! lui lançai-je, persuadé que cette envie soudaine ne se réaliserait pas...

Shamar Rinpoche éclata de rire et s'en retourna d'un pas décidé. Il revint peu après, tenant dans les mains une voiture téléguidée.

— Voilà ! me fit-il tout simplement.

Dans son poème prophétique écrit à l'âge de vingt-deux ans, le seizième Karmapa avait évoqué avec beaucoup de tristesse les événements malheureux dont la lignée allait être victime : certains de ses disciples seraient englués dans des activités mondaines, tandis que d'autres ne sauraient pas retrouver sa réincarnation. Mais, à la fin de ce même poème, il promit de retrouver ses disciples le douzième mois de l'année Oiseau qui coïncide très exactement avec l'arrivée de Trinley Thayé Dordjé à New Delhi et sa rencontre avec Shamar Rinpoche, le sixième jour du douzième mois de l'année de l'Oiseau, selon le calendrier tibétain.

*

* *

C'est à Saint-Léon-sur-Vézère, au centre de Dhagpo

Kagyu Ling, que Lama Jigme Rinpoche m'a entretenu de la relation très particulière qu'entretient le dix-septième Karmapa avec Shamar Rinpoche.

Une des spécificités des êtres réalisés, comme le Karmapa, Shamar Rinpoche ou d'autres grands maîtres du bouddhisme, est qu'au moment de leur apparition dans un corps, ils sont déjà des êtres éveillés. Leurs échanges semblent le plus souvent tourner autour de sujets qui peuvent paraître à nos yeux anodins, mais qui, en réalité, se situent sur un autre niveau, sous la forme d'une transmission d'esprit à esprit.

L'occasion m'était donnée de mieux cerner la teneur de leurs engagements l'un pour l'autre, essentiellement liés à l'éducation de Trinley Thayé Dordjé et aux enseignements que Sa Sainteté reçut en Inde, mais encore durant ses déplacements à l'étranger. Vaste programme que le sien ! Ce sont des milliers et des milliers de pages de textes sacrés que le Karmapa doit apprendre durant tout le temps de ses études, lesquelles, je pense, sont sans fin.

Shamar Rinpoche est un bodhisattva. Il a voué sa vie entière au service des Karmapas, avec la constante préoccupation de préserver l'authenticité de la transmission kagyupa et des enseignements que lui a donnés le seizième Karmapa.

« Après le décès de Rangjung Rigpé Dordjé en 1981, précise le Karmapa, Shamar Rinpoche a cherché à trouver sa réincarnation. Depuis mon intronisation, en 1994, il veille à mon éducation. Il veille également sur le bien-être de la sangha, des moines et des disciples… À mes yeux, Shamar Rinpoche est un maître pleinement qualifié et détenteur des enseignements du Bouddha, dont il a entièrement réalisé le sens profond. »

De nos jours, beaucoup de personnes s'intéressent au bouddhisme en Occident, et pensent que tous ceux qui enseignent cette religion sont parfaits à tout point de vue. Mais, en réalité, il n'en est rien. C'est comme ailleurs, il est très rare de trouver des personnes parfaites.

Dans le bouddhisme, le maître spirituel, ainsi que le disciple, doivent posséder un certain nombre de qualités. Le maître spirituel qualifié doit en avoir de très nombreuses, dont au moins celles-ci : il doit être un érudit connaissant les enseignements du Bouddha ; il doit respecter le code de l'éthique du bouddhisme, c'est-à-dire posséder les trois classes de vœux[1], *sans les avoir endommagées ; il doit enseigner à ses disciples seulement par amour et compassion, pour leur bien, sans intérêt personnel de renommée, de fortune ou autres...*

*

* *

Durant mon périple dans le sillage du Karmapa, que ce soit en Inde, en Auvergne, dans le Vercors ou en Dordogne, partout j'ai ressenti la même confiance que tous accordent à Shamar Rinpoche. Tous égale-

---

1. 1) Les vœux de libération individuelle : vœux de fidèle laïc, vœux de novice, vœux complets de moine ; 2) les vœux de bodhisattva d'intention et d'application ; 3) les vœux des tantras, c'est-à-dire les nombreux samayas.

ment ont un profond respect pour Lama Guendune Rinpoche qui passa plus de trente années de sa vie en retraite. C'est au cours de l'une d'elles au Tibet, que la Chine paracheva son invasion. Alors qu'il était en méditation, il reçut d'une divinité protectrice le conseil de fuir et de se diriger vers le sud. Il s'en alla donc, accompagné par deux autres moines, ignorants tout comme lui de la route qu'il fallait emprunter. On dit que seules la force de sa foi et la confiance qu'il avait dans ses maîtres lui permirent de traverser les lignes chinoises - une nuit à quelques mètres des occupants - et de gagner l'Inde sans dommage. Il rejoignit alors le seizième Karmapa, qui lui confia la direction d'un monastère au Bhoutan, où il resta trois ans. Il recommença une retraite qui allait durer onze ans, dont il sortait chaque année, le temps de rendre visite au seizième Karmapa, installé à Rumtek. Celui-ci décida d'envoyer Lama Guendune en Europe, où des disciples occidentaux avaient fait la requête d'y voir diffuser les enseignements du Bouddha.

Afin de préparer ce projet, le Karmapa reçut le lama plusieurs fois en audience. Rangjung Rigpé Dordjé lui raconta alors en détail ses voyages à travers les États-Unis, ses pérégrinations en Europe.

— Le Dharma se développera aussi en Occident, lui expliqua le Karmapa, au cours d'une de leurs rencontres... Les Occidentaux disposent d'un grand bien-être matériel, ils connaissent également beaucoup de souffrances dues aux émotions perturbatrices, telles que l'orgueil, la jalousie, le désir, la haine. Un bienfaiteur - Mr. Benson - m'a offert un terrain en France. C'est là que tu devras aller...

— Pourquoi devrais-je entreprendre un tel voyage ? répliqua aussitôt le lama... Je suis vieux et je ne suis plus capable de quoi que ce soit ! Pourquoi est-ce à moi d'y aller ?

Le Karmapa lui sourit et répondit avec bienveillance :

– Ne sois pas inquiet... Toi et moi, nous avons une relation karmique particulière. Et je te soutiendrai. Tu as le karma nécessaire pour réaliser ce projet. En Europe, tu donneras des bénédictions, des initiations et des enseignements... Pour que tu sois totalement confiant, sache que je connais ton karma antérieur : il te permettra d'accomplir cette tâche aujourd'hui.

Au Karmapa, Lama Guendune répondit qu'il n'était pas suffisamment érudit. Rangjung Rigpé Dordjé continua et lui tint alors des propos qui sonnaient comme une prophétie. Plus de vingt-cinq ans ont passé, et la situation est pratiquement telle qu'elle fut à l'époque décrite par le Karmapa :

– Lorsque tu seras en Europe, tu devras construire un temple, un monastère et un centre de retraite... Tu ne limiteras pas ton activité à un lieu, à un seul pays, mais tu répandras le Dharma partout où il sera utile et demandé. De plus, il sera très difficile pour le Tibet d'obtenir l'indépendance, et, même si cela arrivait, nous ne pourrions certainement pas y retourner. Nous resterons ici, en Inde. Viendra encore un moment où des difficultés surgiront pour les pratiquants qui n'auront plus d'endroit où vivre. Si tu vas maintenant en Occident, tu auras la possibilité d'y établir un lieu approprié, de telle sorte que le bouddhisme puisse s'épanouir pour le bienfait d'autrui. Bâtis ce monastère, avec toute la conviction de ta foi... Au Tibet, il arrivera qu'un jour le Dharma sera rétabli, et la population à nouveau autorisée à pratiquer, mais à un degré moindre, certainement pas comme par le passé, à l'époque où les Tibétains pouvaient se consacrer entièrement à la pratique... Au Bhoutan, si la situation est stable maintenant, il n'est pas certain qu'il en soit toujours ainsi dans le futur... Au Sikkim, tout va très bien aussi pour le moment, mais la situation peut changer à tout instant... En ce qui concerne Rumtek, les choses ne resteront pas en l'état, malheureusement.

Rangjung Rigpé Dordjé invita ensuite Lama Guendune à s'asseoir à ses pieds, il le bénit en apposant ses deux mains sur la tête et en récitant trois fois les prières de la lignée.

– Tu vivras plus vieux que moi, lui dit enfin le Karmapa. Bien que je sois plus jeune que toi, je mourrai avant et tu dois rester pour accomplir cette lourde tâche. Je t'ai conféré toutes les bénédictions, initiations et transmissions nécessaires. Tu ne rencontreras aucune difficulté.

Guendune Rinpoche arriva en 1975 en France. Après la mort du seizième Karmapa, Shamar Rinpoche n'a jamais cessé de soutenir l'activité du vieux maître.

Pour le bodhisattva qui veut être une source de bienfaits et de bonheur pour tous les êtres sans exception, il est encore plus nécessaire d'être persévérant.

La persévérance pour le bodhisattva n'est pas vue comme une obligation, mais comme un plaisir d'accomplir des actes positifs, car il connaît l'infaillible résultat de tous les actes. Nous sommes tous invités à développer cette persévérance.

*

* *

Trinley Thayé Dordjé a longuement évoqué avec moi, au Bost, le rôle de ce lama, fervent et très proche disciple de son prédécesseur.

Je n'ai jamais rencontré Lama Guendune physiquement, mais son influence spirituelle était telle qu'elle continue aujourd'hui encore à inspirer nombre d'entre nous. Je me trouvais dans notre centre de retraite d'Auvergne. Une douce clarté m'a réveillé, la lune musardait dans ma chambre. Quelque chose était en train de prendre sens. Je me suis glissé hors du lit, ai enfilé des vêtements chauds, et je suis sorti. Devant moi, le chemin semblait comme aspiré par un ciel étoilé. La nuit était sereine. Je me suis senti particulièrement heureux en regardant le sombre ondoiement de la vallée d'où se détachait le toit doré du temple en construction. Lama Guendune avait réalisé un des vœux de mon prédécesseur.

Je suis finalement entré dans le petit temple, là où sont toujours gardées les cendres de Lama Guendune. J'ai fait des souhaits pour tous. Pourquoi faire des souhaits ?

Tout ce qui apparaît dans ce monde, tout ce que l'on expérimente, toute manifestation intérieure ou extérieure n'a d'autre origine que l'esprit, et n'est rien d'autre qu'une illusion de l'esprit lui-même.

Avant que quelque chose se manifeste, que quelque chose apparaisse, il faut que ce soit – comme une graine – semé dans l'esprit. « Tous les phénomènes naissent d'une intention », disent les textes bouddhistes. Cela signifie que chaque fois que s'élève une pensée, une intention – positive ou négative – c'est une nouvelle graine qui est plantée, c'est un nouveau potentiel qui se met en place.

Les souhaits négatifs, ce sont des émotions de colère, de jalousie, d'orgueil qui motivent votre pensée et qui sont très puissantes, car fortement ancrées en vous. Quand vous émettez un souhait négatif, sachez qu'il est toujours plus fort qu'un souhait positif. Pour un souhait négatif, vous n'avez aucun effort à faire. En revanche, émettre un souhait positif est loin d'être évident, car il exigera de vous beaucoup d'énergie. Plus l'intention qui sous-tend le souhait est puissante, plus la graine que vous avez plantée est forte, plus le fruit sera beau.

J'ai demandé aux bouddhas, aux boddhisattvas et à toutes les divinités de considérer tous les êtres avec amour et de m'accorder leur bénédiction, afin que mes souhaits pour le bien des êtres soient exaucés. Par le pouvoir de toutes les vertus parfaitement pures que j'ai accomplies, puisse cette prière se réaliser parfaitement...

À côté, dans la chambre du lama, l'autel, le scintillement des lampes à beurre, les statuettes du Bouddha et de Tara[1], tout en ce lieu paisible se prête à la méditation.

Si la personne a disparu, le Dharma ne disparaît pas avec elle. Même si les lamas, les moines et les disciples étaient très attachés à lui, ils ont conscience que tout est éphémère. Si belle ou si agréables que soient nos relations, elles cessent inévitablement, à un moment ou à un autre. En quittant ce monde, le Bouddha a dit : « Il faut prendre ma mort comme un grand enseignement ! » Eh bien, la mort de Lama Guendune doit être également prise pour un grand enseignement.

1. Divinité féminine indienne adoptée par le bouddhisme Mahayana, Tara est très populaire au Tibet. Elle personnifie l'amour universel pour tous les êtres et la protection.

8
Le travail sur soi pour le bien d'autrui conduit à la sagesse transcendante

La France, comme la plupart de ses voisins, n'a pas échappé à l'engouement – sincère et profond ou simple effet de mode ? – des Européens pour ces enseignements qui nous viennent d'Asie. Le Dharma est par nature un enseignement « qui voyage », et l'on dit qu'il n'appartient à aucune culture, à aucun pays, ni à aucun peuple. Il apparaît là où s'en ressent le besoin, et s'adapte aux us et coutumes des endroits où il se développe. Toute la question – et il s'agit là d'un véritable défi lancé aux pratiquants occidentaux – est de faire le tri entre ce qui relève de l'essence pure de l'enseignement, tel que dispensé par le Bouddha, et les ajouts culturels des uns et des autres à travers les siècles.

Le Dharma le plus connu en France, bien qu'il existe d'autres courants, est celui hérité des maîtres tibétains. D'un point de vue historique, le Dharma enseigné aujourd'hui est celui dispensé en Inde par le Bouddha Sakyamuni, il y a deux mille cinq cents ans. D'Inde, après la mort du Bouddha, il essaimera en Asie. Il arrivera au Tibet, relativement tard - VIIe siècle après J.-C. - grâce à l'activité d'un roi, Songtsen Gampo, dont on dit qu'il était une émanation du Bouddha de la compassion, Chenrézig. Il soumit, grâce à sa très grande sagesse, le Tibet, particulièrement agité à cette époque, et permit une large diffusion de la pratique associée à Chenrézig. Ce fut le début d'une transformation sans précédent des mœurs au Tibet, qui jusqu'alors s'était fait remarquer plus par ses actions guerrières et brutales que par celles liées à la spiritualité et à la compassion.

Cela au passage nous donne matière à réflexion sur la nature profondément authentique et efficace des moyens de transformation contenus dans les enseignements. Il m'a paru amusant d'imaginer que le Dharma, s'appuyant sur l'humanisme, a dû profiter du karma de Voltaire et des lettrés du siècle des Lumières pour se développer de telle manière en Europe, et plus particulièrement en France.

Le seizième Karmapa a, avant sa mort, formulé cinq souhaits, dont la réalisation est destinée à préserver la tradition de la lignée Kagyu : un centre important comme celui de Dhagpo Kagyu Ling, en Dordogne, et une série de petits centres urbains - les KTT - qui, lui étant affiliés, sont autant d'îlots de spiritualité bouddhiste dans les villes ; un lieu d'étude et de réflexion - l'Institut - placé sous la direction de khenpos - de maîtres - et destiné à transmettre le sens des mots - le Dharma des textes - et le sens de l´enseignement ; une bibliothèque pour préserver l'héritage, favoriser le travail de traduction et de recherche, offrant un accès possible à un large public ; un centre de retraites où des hommes et des femmes recevront les transmissions essentielles de la lignée Kagyu - l'enseignement sur la nature de l'esprit, le *Mahamoudra,* les six yogas de Naropa[1], lesquels représentent le cœur de la pratique kagyupa ; le développement d'une communauté monastique, base du Dharma ; et, donc, l'établissement d'un monastère et d'un temple, à la fois lieu de rencontre et de présence symbolique du Bouddha, du Dharma et de la sangha, la communauté...

On retouve principalement dans l'enseignement du Bouddha une recherche de la sagesse, et ceci par les moyens de l'amour et de la compassion. Amour et compassion sont deux notions que l'on retrouve dans la plupart des courants philosophiques ou spirituels ; ces notions constituent une plate-forme commune à l'humanisme sans affiliation religieuse mais aussi à l'humanisme religieux que l'on retrouve dans les autres traditions. Cependant, la différence entre le bouddhisme et les autres courants est importante, puisque, pour les bouddhistes, toutes les expériences, l'ensemble du monde et nous-mêmes sont simplement le jeu de l'esprit, sans autre réalité que celle, subjective, du sujet qui l'expérimente.

1. Grand maître indien du bouddhisme (1016-1100). Principal maître spirituel de Marpa, le traducteur à l'origine de la lignée Kagyu au Tibet.

L'idée d'humanisme dans le bouddhisme, d'amour et de compassion est souvent mise en avant pour le définir. Le travail sur soi pour le bien d'autrui conduit à la sagesse transcendante qui nous fait comprendre que la structure de notre monde n'est qu'illusion, dont le défaut est de nous apporter la souffrance.

C'est ce message que le seizième Karmapa a voulu absolument préserver, et la raison pour laquelle il a désigné Lama Guendune comme son chef d'orchestre en Europe pour concrétiser ses cinq souhaits. Après le décès de Sa Sainteté, en 1981, il était tout naturel que les disciples de la lignée Kagyu attendent sa renaissance, mais celle-ci tardant, certains d'entre eux se sont impatientés.

Qu'en était-il donc de l'enfant réincarné, le dix-septième Karmapa ? Lorsque fut annoncée l'existence de deux Karmapas, quelques maîtres ont conservé une conduite de sagesse et maintinrent le navire à flot, en pratiquant une politique de tolérance et d'ouverture. Parmi eux, Lama Guendune qui n'eut de cesse de répéter aux lamas, aux moines et aux disciples de sa sangha : « Les opinions sont inutiles et conflictuelles. Remettez-vous-en à l'essentiel du Dharma, au maître, pratiquez, méditez et vous trouverez l'équilibre, la vision juste... »

Les années 1993 et 1994 ont été difficiles pour les disciples de la tradition Kagyu qui se divisaient de plus en plus. Lama Guendune fut sollicité par les uns et par les autres, mais, quels qu'aient été les événements survenus à Rumtek, à New Delhi ou à Bodhgaya, son langage et son engagement n'ont jamais varié : Shamar Rinpoche était, à ses yeux, le relais unique et naturel de la lignée... Son choix, tout comme celui de Shamar Rinpoche, s'était porté sur Trinley Thayé Dordjé... Mais, pas question de s'engager dans une action polémique, car chacun a le droit de se faire une opinion.

L'objectif de Lama Guendune était de privilégier la possibilité d'une réconciliation ; mettre de l'huile sur le feu ne servait à rien, sinon à rendre plus difficile encore tout rapprochement futur.

Lama Guendune Rinpoche ne prônait pas, non plus, une résistance passive et ne se mettait pas en retrait par rapport à des gens plus offensifs ou plus agressifs, qui existent malheureusement aussi au sein de la lignée. Face à cette situation délicate, la dimension de sagesse du vieux maître s'est révélée. Il a toujours laissé le choix de l'un ou l'autre des Karmapas à ceux qui venaient l'interroger, bien que lui-même ait clairement choisi Trinley Thayé Dordjé.

Lama Guendune Rinpoche était partisan de dire la vérité, mais sans agressivité pour celui qui croyait en détenir une autre :

« Si vous avez le sentiment, disait-il, que la vérité est tronquée, falsifiée ou détournée, il faut rectifier, avoir le courage de s'élever. »

La vérité dans cette question des Karmapas ? D'abord, on ne peut nier l'évidence : aujourd'hui, nous sommes en présence de deux Karmapas, Urgyen Trinley Dordjé, intronisé en grande pompe le 27 septembre

1992, à Tsurphu, en présence de nombreuses autorités chinoises, et Trinley Thayé Dordjé, intronisé le 12 mars 1994 à New Delhi.

N'entrons pas dans la polémique, ce n'est pas le but de ce livre et ce n'est surtout pas le souhait du Gyalwa Karmapa Trinley Thayé Dordjé. La situation peut paraître préoccupante, aux yeux de certains. Faisons néanmoins confiance à la santé fondamentale des enseignements du Bouddha.

*

* *

Un homme s'est dressé - et il faut ici saluer son courage - contre tout un système, contre la société tibétaine et contre son clanisme. Comme Voltaire en son temps, Shamar Rinpoche porte en lui une des valeurs humaines les plus nobles : la conviction et la volonté de s'élever, de dire « non » face à ce qu'il sait ne pas être juste. Le Dalaï-Lama a soutenu, au départ, le choix d'Urgyen Trinley Dordjé, en raison de la présentation par certains lamas kagyupas d'une situation tronquée afin d'obtenir son aval, alors qu'au surplus ils n'en avaient pas besoin ; ensuite, le Dalaï-Lama a maintenu sa position, pour des raisons essentiellement politiques, se disant que cet adolescent fougueux, accepté et reconnu par les communistes chinois, pourrait aider la cause tibétaine. Difficile de savoir si le Dalaï-Lama s'est ou non trompé dans sa stratégie.

Toute autre analyse, de toute façon, a dû lui sembler moins appropriée, eu égard au but qu'il s'est fixé, la libération de son pays. En réalité, rien ne s'est passé comme il l'avait pensé. Urgyen Trinley Dordjé s'est enfui de sa prison dorée de Tsurphu pour rejoindre Dharamsala, et le Dalaï-Lama a avoué être le premier surpris de cette situation. Un an après sa fuite très médiatisée, Urgyen Trinley Dordjé a affirmé du bout des lèvres à un journaliste qu'il « se sentait plus libre avant au Tibet ». Une forte pression pèse sur ses épaules d'adolescent, et rien n'indique aujourd'hui, qu'il pourra la supporter longtemps encore.

Shamar Rinpoche, le détenteur de la lignée Kagyu, a donc choisi une autre voie, convaincu de défendre une cause qu'il juge fondée sur la vérité. Pour lui, Trinley Thayé Dordjé a été recherché et reconnu, en accord avec toutes les règles de la tradition kagyupa, et il est certain de son fait. Ses disciples et lui-même ne changeront pas d'avis. C'est donc le respect de l'individualité de chacun, principe cher à Voltaire et tant apprécié en France, qui est prôné ici ; et l'on peut également le rapprocher d'une très belle parole du Bouddha qui amène l'être à la liberté : « Ne prenez pas l'enseignement parce que c'est moi qui le donne, vérifiez-le par vous-même... »

Et, c'est vrai qu'il n'y a aucune autre exigence dans le Dharma que celle de la vérité. Et, lorsqu'il y a vérité, disent les bouddhistes, il y a forcément compassion...

Mon rôle n'est pas de prendre parti. Laissons la situation évoluer, et ayons de toute façon confiance dans le fait qu'une solution pacificatrice sera inévitablement trouvée. Dans cette affaire, je dois avouer que le comportement et le courage de Shamar Rinpoche, que j'ai pu davantage analyser, imposent le plus grand respect. Alors même que son frère spirituel, Tai Sitou Rinpoche, a cru bon de livrer à la Chine le destin des Karmapas, remettant entre les mains du Dalaï-Lama, sans droit aucun pour le faire, la validation de la reconnaissance des Karmapas, Shamar Rinpoche ne faiblit pas. Il continue de défendre son point de vue, même si celui-ci ne recueille pas, pour les raisons politiques déjà citées, l'agrément de certains lamas de la tradition kagyupa. Shamar Rinpoche réclame depuis de nombreuses années une séparation claire entre le Dharma - la religion - et la politique, et en cela s'oppose à une partie de la communauté tibétaine en exil, aux yeux de laquelle une telle coupure aboutirait nécessairement à l'affaiblissement de sa lutte contre la Chine. L'affaire des Karmapas est une illustration évidente de cette divergence de vue. Les choses ne sont pas simples, car entrent dans le jeu des considérations qui, aux yeux d'un grand nombre de pratiquants, peuvent à terme détruire tout simplement l'enseignement.

Que dire aussi de l'opinion publique internationale, mal et insuffisamment informée ? de tous ceux qui diffusent des informations approximatives et enveniment ainsi le débat ? de tous ceux qui croient, à tort d'ailleurs, que Shamar Rinpoche s'oppose au Dalaï-Lama, sans même connaître le rôle exact de Sa Sainteté au sein du bouddhisme tibétain et sans même savoir que les écoles sont indépendantes entre elles ?

Qu'en est-il exactement ? Shamar Rinpoche m'a répondu très franchement : « Sans évoquer les qualités spirituelles du Dalaï-Lama, il est, c'est indéniable, un homme très civilisé. Moi-même, sans prétention, j'essaie également de me comporter en personne civilisée. Le Dalaï-Lama dirige un gouvernement en exil, il applique donc une politique. Dans ce cadre, il est avantageux de placer l'école Kagyu sous son autorité, ce à quoi il est de mon devoir de m'opposer. Déjà, Sa Sainteté le seizième Karmapa ne s'était pas entendue avec lui sur ces questions, pour des raisons identiques d'ailleurs. Le Karmapa lui avait alors rappelé que l'école Kagyu avait toujours été indépendante et qu'il ne voulait pas associer le domaine spirituel au domaine mondain de sa politique. C'est toujours aujourd'hui ce pourquoi nous nous opposons. Néanmoins, nous avons une appréciation et une compréhension mutuelles de nos positions réciproques. »

Les Tibétains sont des hommes et des femmes comme les autres - enfin, ceux qui ne sont pas des maîtres spirituels qualifiés - et il ne sert à rien de diviniser tout un peuple. Souhaitons que la naïveté et le mysticisme en cours jusqu'ici finissent enfin par tomber, et que la vérité éclate au grand jour, pour que le cœur du Dharma ne se perde pas.

J'ai demandé à Shamar Rinpoche quel serait son message s'il devait en adresser un. Il m'a dit : « Je n'adresserai pas de message particulier aux détenteurs des différentes écoles du bouddhisme, car je pense qu'ils connaissent parfaitement le Dharma et leurs responsabilités. En revanche, j'aimerais plutôt encourager ceux qui suivent des maîtres spirituels à utiliser toute leur intelligence, leur sens critique et analytique. Il y a des maîtres qui utilisent certains enseignements du bouddhisme, dans lesquels le respect du maître est très important, pour traiter leurs disciples comme des esclaves, afin de réaliser leurs desseins personnels. Rien ne leur donne ce droit. »

L'option de Shamar Rinpoche consiste aujourd'hui à donner au Gyalwa Karmapa Trinley Thayé Dordjé l'espace nécessaire pour étudier, pour recevoir des gens - disciples et non-disciples –, et du temps pour mieux approfondir les enseignements, en le laissant totalement en dehors de toute implication politique.

De quoi demain sera-t-il fait ? Comment retrouver l'harmonie au sein de la lignée ? Que risque-t-il de se passer ? Trinley Thayé Dordjé entend œuvrer pour préserver la tradition mise en place par le tout premier Karmapa. Il porte déjà en lui le courage et la compassion de son prédécesseur. Personne ne connaît aujourd'hui les intentions de Urgyen Trinley Dordjé. Gageons que s'il est également un Karmapa, il est donc également un homme de paix et qu'une solution sera trouvée.

Le Dalaï-Lama, lui-même, homme de sagesse, laisse la porte ouverte à une possibilité de réconciliation. En France, en septembre 2000, il a indiqué clairement, sur cette question, qu'aucun des centres bouddhistes ne remet en cause l'enseignement, et que chacun est libre de choisir le Karmapa avec lequel il souhaite pratiquer.

En fait, et ceci ressort de toutes les réponses qui m'ont été données, chacun au fond de lui sait que la situation n'est pas aussi grave qu'elle peut le paraître, et ce tant que chacun continuera à faire sien l'enseignement du Bouddha, sans chercher à dénaturer ses principes de base.

*

*   *

Revenons aux années 1994-1996...

Au Bost d'abord avec Lama Guendune Rinpoche... Quelque temps après l'arrivée en Inde de Trinley Thayé Dordjé, des posters avaient été envoyés dans les différents centres kagyupas. Le vieux lama s'empara aussitôt d'une des photos du Karmapa, saisit sa loupe et ausculta longuement chaque trait du visage de l'enfant. Puis, il se redressa et, se retournant vers les lamas occidentaux qui se tenaient près de lui, il s'exclama :

– Ceux qui ne voient pas qu'il s'agit d'un bouddha sont aveugles !

Lama Guendune Rinpoche fit alors encadrer le poster, et attendit le jour du lossar[1] de l'année 1995 pour demander à Lama Tsonyi, supérieur de la congrégation du Bost, au cours d'une célébration, de prendre le portrait de Trinley Thayé Dordjé et de le placer sur le trône du Karmapa. Lama Guendune Rinpoche se prosterna devant ce portrait. Il venait ainsi d'officialiser son choix à sa façon, empreint de cette vision pénétrante qui lui était propre, mais toujours avec le souci de préserver l'union des disciples malgré les problèmes de la sélection du Karmapa et souhaitant que ceux-ci soient enfin réglés par les rinpoches. À cette époque, certains de ceux qui accomplissaient, sous sa direction, la retraite traditionnelle de trois ans, étaient

1. Nouvel an tibétain qui aura lieu, pour le prochain lossar, le 25 février 2001.

des disciples liés à Tai Sitou Rinpoche ou à ses lamas. Lama Guendune Rinpoche les laissa libres de poser sur l'autel de leur cellule de retraite la photo de Urgyen Trinley Dordjé, l'autre Karmapa.

En 1996, plusieurs lamas du Bost, hommes et femmes, monastiques et laïcs, se rendirent à New Delhi pour une première rencontre avec Trinley Thayé Dordjé, qui n'avait alors que treize ans. Messagers de Guendune Rinpoche, resté en France pour des raisons de santé, ils venaient remettre entre ses mains les fruits de vingt-cinq années d'activité inspirées par le seizième Karmapa, lui demandant d'assumer la responsabilité de l'ensemble de ces centres. Le Karmapa, manifestement réjoui, accepta et écrivit un texte remerciant Lama Jigme Rinpoche et Lama Guendune Rinpoche.

C'est encore dans la capitale indienne que le jeune Trinley Thayé Dordjé rencontra, en arrivant du Tibet, celui qui allait devenir son professeur pendant deux ans, et qui est maintenant son abbé. Khenpo Tcheudrak Tempel a été choisi, à vingt-sept ans, comme secrétaire personnel du précédent Karmapa, un poste occupé jusqu'alors par son père, qui venait de décéder. Quatre ans plus tard, il est nommé abbé du monastère de Rumtek et directeur de l'Université de Nalanda, où il enseigna aussi. Khenpo Tcheudrak Tempel est devenu ensuite le directeur du *Karmapa International Buddhist Institute,* inauguré le 5 février 1990 par le président de l'Inde et par Kunzig Shamar Rinpoche, poste qu'il occupe toujours.

Trinley Thayé Dordjé avait à l'époque entre douze et quatorze ans.

« Ce furent deux années intéressantes, m'expliqua le Khenpo, en riant aux éclats... Sa Sainteté était jeune, mais aussitôt qu'elle faisait des pratiques, qu'elle méditait ou qu'elle apprenait les rituels, son comportement changeait, et elle devenait très attentive. Sa concentration me rappelait celle du seizième Karmapa. Récemment, lors de ses visites en Asie et en Europe, j'ai remarqué que, comme son prédécesseur, il ne préparait pas vraiment ses enseignements, alors que des milliers de personnes étaient venues pour l'entendre et recevoir sa bénédiction. Le Karmapa ne se faisait aucun souci et, je dois l'avouer, tout s'est déroulé chaque fois parfaitement bien... J'ai remarqué à plusieurs reprises que plus la situation est difficile, plus il la maîtrise. »

Khenpo Tcheudrak est réputé pour son extrême sévérité. Dans le passé, à Nalanda, il se levait au milieu de la nuit pour vérifier si les étudiants dormaient et, tous les matins à 5 heures, il assistait au réveil pour savoir s'il manquait quelqu'un à l'appel. Il s'était par lui-même assuré que Trinley Thayé Dordjé était bien la réincarnation du Karmapa. Connaissant ses qualités spirituelles, il se montrait incapable de sévérité envers lui, ce dont le jeune Karmapa profitait parfois, lorsque, comme tout jeune enfant, il ne voulait pas faire trop d'efforts à l'étude.

Interrogé, l'entourage du Karmapa témoigne aussi du caractère indépendant qu'il montrait déjà enfant.

De ces deux années passées auprès de lui, Khenpo Tcheudrak ne regrette rien, bien au contraire. De nature sceptique, il n'a cependant pas adhéré tout de suite au fait que Trinley Thayé Dordjé soit la réincarnation du seizième Karmapa ; mais, il a été le témoin de plusieurs événements qui ont fini par le convaincre. Aujourd'hui, il est un des proches de Sa Sainteté. Le Karmapa, il est vrai, s'affirme par une maturité de plus en plus accrue. C'est encore plus visible en ce mois de novembre 2000 au *Kibi*, alors qu'en semi-retraite, il continue à acquérir les connaissances qui lui sont nécessaires pour aider les êtres.

L'an passé à Taïwan, Trinley Thayé Dordjé a été reçu par Lopeun Rinpoche qui lui a demandé de venir inaugurer un temple qu'il avait construit pour le Karmapa. Durant ce voyage, quelques personnes l'ont prié de faire un miracle. Sa Sainteté a répliqué, sans s'exécuter : « Un maître accomplit un miracle quand le moment est opportun, en fonction du karma et de la conscience de ses disciples. »

C'est encore Khenpo Tcheudrak qui raconte :

« Un jour, alors que je me trouvais près de la table de travail sur laquelle le seizième Karmapa écrivait, Sa Sainteté a laissé tomber sa plume. Je me suis précipité pour la ramasser, le Karmapa m'a alors lancé : "Inutile de faire cela !"... Il s'est redressé et a passé la main à travers la table pour la ramasser lui-même... Si le Karmapa a agi ainsi, n'allez surtout pas y voir un quelconque tour de magie ; s'il peut agir de la sorte, c'est parce qu'il a réalisé que tous les phénomènes sont interdépendants et vides... »

Trinley Thayé Dordjé, lui aussi, accomplit souvent ce type de gestes extraordinaires, dont l'un s'est passé peu de temps après son arrivée en Inde.

« Mon frère Tsultrim Namgyal, poursuit le Khenpo, a présenté à Sa Sainteté trois couteaux, un petit, un autre de taille moyenne d'origine khampa, et un plus gros. Gyalwa Karmapa a pris ce dernier, en disant qu'il le conservait, puis il s'est saisi du couteau khampa et l'a plié sans manifester la moindre difficulté... »

Mais le fait le plus important, qui a levé les derniers doutes de Khenpo Tcheudrak, fut celui-ci : le seizième Karmapa avait relaté dans un livre des histoires ou des événements liés à sa vie. Tout n'avait pas été répertorié, et Sa Sainteté s'était confiée au Khenpo, et à lui seul... Un jour, Trinley Thayé Dordjé lui a spontanément raconté les histoires de son prédécesseur, non celles relatées dans le livre, mais celles que seul, lui, Khenpo Tcheudrak connaissait.

Tout comme les autres proches de Sa Sainteté, il est convaincu que Trinley Thayé Dordjé est bien le Karmapa, et que les incomparables qualités des Karmapas dont il fait preuve rayonneront sans limites.

Au Tibet, en famille. De gauche à droite :
Sa Sainteté, sa mère, son père, son frère et deux lamas.

Sa Sainteté et son frère.

Préparation d'un rituel (1994).

Bénédiction d'un disciple (1994).

Sa Sainteté et Shamar Rinpoche.

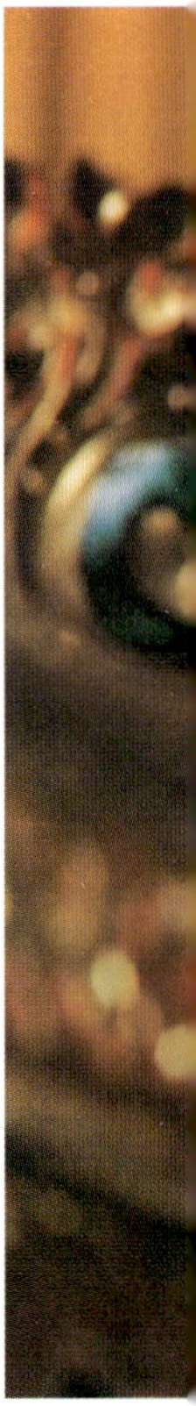

Cérémonie d'intronisation en Inde (1994).

Le Karmapa à Dhagpo (août 2000). De gauche à droite : Lama Jigme Rinpoche, Gilles Van Grasdorff, Khenpo Tcheudrak Tempel.

Artiste peintre d'art sacré exécutant le mandala de Kalachakra de manière traditionnelle, dans le temple du monastère de Kundreul Ling (Le Bost).

Même en construction, le temple demeure un lieu sacré : les prosternations.

Utilisation des kanglings durant le rituel quotidien de Mahakala au monastère.

Offrandes pendant le même rituel.

Circumambulation du stoupa, édifice religieux, symbole de l'Éveil, au monastère.

Le Karmapa au Kibi, Delhi (octobre 2000).

Le Karmapa étudiant avec son professeur, Sempa Dordjé.

Pendant une cérémonie au monastère du Kibi.

Pendant
un rituel.

Lamas et moines à Bodhgaya, autour d'un stoupa contenant les reliques sacrées d'un grand maître ayant atteint l'Éveil.

Prières durant le rassemblement des lamas et des moines, ou Kagyu Mönlam, près du trône du Karmapa et en face de l'arbre de la Bodhi sous lequel le Bouddha a atteint l'Éveil.

9
Le fœtus est un être sensible doté de conscience

Pendant plusieurs semaines, Trinley Thayé Dordjé s'est prêté au jeu de mes questions. Nous avons abordé nombre de sujets, dont la plupart se retrouvent dans ce livre. J'ai pu apprécier son humour et son sens de la repartie, toujours prompt et réfléchi. J'ai cherché parfois à le surprendre, à l'agacer, à trouver ce petit quelque chose qui aurait pu le déstabiliser ou détonner dans son langage de compassion. Rien de tout cela. Quels qu'aient pu être les obstacles qui se sont dressés devant lui - notamment à la suite de l'intervention chirurgicale subie en Suisse -, il n'a jamais dévié, ni dans son attitude ni dans son langage. À l'évidence, Trinley Thayé Dordjé a l'esprit d'un être éveillé. Alors que je m'apprête à le rejoindre en Inde, j'en suis maintenant convaincu : l'esprit du Karmapa est pareil à l'espace, sans limites, partout, disponible et présent.

Je lui ai demandé s'il n'aurait pas préféré une famille avec des enfants, rentrer chez lui, le soir, après le travail. Sa Sainteté a souri et m'a simplement répondu :

« Cette idée ne m'a jamais effleuré. Avoir une épouse, des enfants implique d'autres responsabilités. Celles-ci détourneraient immanquablement mon attention de mon but qui consiste à libérer tous les êtres de leurs souffrances. Je veux enseigner le Dharma à tous ceux qui le demandent. Dans la sangha, je me sens chez moi, les moines et les disciples sont ma famille, et je dois me consacrer à tous, en leur donnant tout mon amour. »

C'est au Bost que Trinley Thayé Dordjé a décidé de prononcer ses vœux. Il s'en était ouvert à ses proches, et avec Shamar Rinpoche, il a adressé une requête à Chobgye Trinchen Rinpoche pour lui demander de lui transmettre les vœux monastiques et les initiations des différentes classes de tantras, ainsi que celles du *Drub Tab Kuntu*, compilation de toutes les pratiques des tantras introduites de l'Inde au Tibet.

L'ordination monastique donnée au Karmapa par Chobgye Trinchen Rinpoche sont les vœux de *guetsul* ou novice. Le vieux maître était la personne la plus appropriée pour un tel événement, car il est moine, lui aussi ; surtout, il a pris ses vœux une cinquantaine d'années plus tôt et il ne les a jamais brisés. Pour le Karmapa, il s'agissait d'un moment particulièrement important, au cours duquel il allait s'engager à demeurer chaste, mais également à ne pas tuer, à ne pas voler, à ne pas mentir, à ne pas prendre de produits toxiques.

Évoquant avec lui la question de la chasteté, nous avons également parlé de la sexualité chez les adolescents de son âge.

– Votre Sainteté, lui ai-je demandé, si une jeune fille d'une quinzaine d'années vous confie qu'elle est enceinte et qu'elle envisage une interruption volontaire de grossesse, que lui conseilleriez-vous ?

– Il s'agit là, m'a-t-il répondu, de tuer un être vivant. Je lui dirais de réfléchir à la gravité d'un tel acte et à ses conséquences karmiques pour elle. Je lui conseillerais aussi de garder l'enfant.

> *Le fœtus est un être vivant, doté de conscience. Une interruption volontaire de grossesse revient à commettre un meurtre. C'est la raison pour laquelle je ne peux la conseiller. Cependant il y a aujourd'hui de nombreux moyens qui peuvent être utilisés pour éviter de se trouver dans une telle situation, ainsi que des moyens pour se protéger de maladies graves...*

Une explication des propos de Sa Sainteté s'impose. Les bouddhistes croient à la renaissance, alors imaginons que celle-ci approche : vous êtes dans le *bardo*[1]... Emporté par le karma, l'esprit - ou la conscience -, présent sous une forme indécelable, éprouve de plus en plus la nécessité de renaître dans un corps.

1. État intermédiaire entre la mort et la naissance. Au moment de la mort, l'esprit ne disparaît pas. Séparé du corps physique, le principe conscient passe par une étape intermédiaire, avant de retrouver un nouveau support d'existence.

À un moment donné, il éprouvera une attraction pour ses futurs parents qui sont en union sexuelle. Le *Gyü-zhi*[1] et les médecins tibétains expliquent ensuite la naissance d'un être ordinaire de la manière suivante :

Trois éléments sont nécessaires à la formation d'un corps : un sperme parfait sans déficience causée par une maladie, du sang menstruel - terme par lequel les Tibétains désignent l'ovule - qui doit être au moment approprié de son cycle et sans déficience, et l'esprit de l'être de l'état intermédiaire - bardo - entraîné par son karma.

La nature des cinq éléments - la terre, l'eau, le feu, l'air et l'espace - est nécessaire à son existence physique : ceci est la cause de la conception.

L'évolution vers un support de sexe masculin ou féminin dépend des connexions que va établir l'être de l'état intermédiaire. S'il éprouve attirance envers la mère et aversion pour le père, il naîtra de sexe masculin. À l'inverse, s'il est attiré par le père et s'il ressent du rejet envers la mère, alors une fille naîtra.

Je n'ai pas pu m'empêcher de demander à Trinley Thayé Dordjé s'il avait déjà été amoureux.

– De tous les êtres, oui ! a-t-il aussitôt répliqué.

---

1. Le *Gyü-zhi* contient, dans *Les quatre tantras,* tous les enseignements de la médecine tibétaine. Les *tantras* sont les enseignements et les écrits qui établissent le fondement du bouddhisme Vajrayana.

Trinley Thayé Dordjé n'éprouve pas le besoin de sortir, ainsi que le font tous les jeunes de son âge. Il apprécie en revanche les moments où il peut flâner dans les boutiques pour acheter un magazine d'informatique, choisir un CD, un DVD, une bande dessinée, du matériel de peinture ou de dessin, art auquel il s'adonne volontiers. Il aime surprendre son entourage, offrir des cadeaux, à son intendant, à son cuisinier, à ses amis.

La question était trop tentante :

– Finalement, est-ce une chance d'être le Karmapa ? lui ai-je demandé à la fin de cet entretien-là.

Sa réponse m'a décontenancé, je l'avoue :

– Si, vous, vous étiez le Karmapa, serait-ce pour vous une chance ?

– Votre Sainteté, je vous admire, lui ai-je alors dit avec un brin d'émotion dans la voix et de la tendresse plein les yeux... Seulement, je ne voudrais sincèrement pas être à votre place.

10
Ainsi tourne le samsara

Le bouddhisme est généralement considéré comme « la science de l'intérieur », la connaissance de la nature de l'esprit. Cette recherche de la compréhension de soi n'a de sens que si elle est accomplie en même temps dans le but de servir les autres et de les faire profiter des bienfaits de la pacification de nos émotions perturbatrices.

Mes récents voyages en Occident et en Asie ont été pour moi l'occasion de côtoyer différentes cultures et d'acquérir davantage d'expérience. Ils m'ont permis d'étudier le comportement des uns et des autres, ce qui m'a amené à cette analyse : la valeur que nous accordons à la vie en général et à la vie humaine en particulier est gravement menacée.

Nous, les humains – de toutes origines et toutes cultures – dépensons beaucoup d'énergie à compliquer les choses, au point de rejeter l'essentiel. Nous voulons tout, tout de suite et toujours plus. Pour parvenir à nos fins, nous sommes parfois prêts à toutes sortes d'intrigues ou de compromissions. Nous sommes ainsi amenés à faire du mal aux autres et à nous détruire nous-mêmes. C'est oublier que tout cela n'est qu'illusion. C'est ainsi que tourne le samsara.

Ne tombez pas dans le piège de l'avidité. Il faut savoir être satisfait de ce que l'on a et essayer d'avoir peu de désir. Il faut aussi essayer d'être simple et honnête.

Dans nos sociétés modernes, les humains souffrent souvent de la solitude. La plupart de ceux qui viennent à moi ne vont réellement pas bien. Il n'y a aucune difficulté à comprendre que toute leur attention, tous leurs espoirs sont focalisés sur le monde extérieur, qu'ils ne se connaissent pas, et qu'ils ignorent tout du fonctionnement de leur esprit et des causes de leurs souffrances. Ils me confient aussi qu'ils ont le sentiment de vivre dans un monde en pleine dégénérescence. Les regards se portent naturellement vers des pays lointains, confrontés à des catastrophes naturelles, vers des populations entières exterminées par des conflits ethniques, vers des contrées en proie à des situations politiques inextricables.

Ne connaissant pas notre véritable nature, nous la saisissons comme un « soi ». De là, nous développons de l'égoïsme qui nous fait développer du désir et de la haine, ce qui nous entraîne à commettre des actes nuisibles pour nous-mêmes et pour autrui. Comprenant cela, dès aujourd'hui, tournez votre esprit vers l'accomplissement du bien pour les autres.

Des disciples m'ont déjà demandé si une telle attitude d'introspection n'entraîne pas trop de passivité, et n'amène pas à un dangereux laisser-aller. En réalité, c'est tout à fait le contraire. La compréhension de soi conduit à plus de liberté, à plus d'authenticité et permet de réellement tout prendre en considération.

*

* *

Comme la plupart des jeunes de son âge, le Karmapa aime le sport pour ses aspects ludiques. Il ne s'est pas exercé au parapente, mais il joue au cricket, pratique un peu de basket, et fait du ping-pong.

Apparu au XIIIe siècle en Angleterre et en France, c'est à partir de 1723 que, grâce au patronage de la famille royale britannique, le cricket s'est répandu dans les comtés autour de Londres et dans toutes les classes sociales, et c'est un peu plus de vingt ans plus tard - en 1744 - que les premières règles ont été rédigées par le Club de Londres sur une table de l'auberge Star & Garter. C'est ce cricket-là que le Karmapa joue, bénéficiant des conseils avisés de Stewart, un Australien, qui est aussi son professeur d'anglais.

J'ai eu l'occasion de le voir jouer avec ses moines et quelques-uns de ses disciples, au Bost, un des rares jours de beau temps. La partie fut inégale car les règles de ce jeu paraissaient pour le moins compliquées aux yeux de ses partenaires, plus habitués a celles du football.

Une réelle effervescence régnait sur le terrain. Des villageois s'étaient arrêtés par curiosité. Il fallait expliquer les bases du cricket, former des équipes… Ce jour-là, le Karmapa joua à tous les postes, surtout lanceur et batteur. Il fit quelques magnifiques arrêts de volée...

*

* *

Je n'ai pu suivre que quelques épreuves des Jeux olympiques de Sydney. J'ai surtout interrogé CNN sur internet pour connaître les résultats de mes favoris. Dans un passé récent, des sportifs de renom m'ont fait grande impression : Michael Jordan dans le basket, Pete Sampras pour le tennis, et les champions indiens de cricket… Le sport de haut niveau est d'une réelle beauté, mais les risques de déviation sont nombreux. Les causes proviennent essentiellement des fausses règles que s'est données la société de consommation, de l'appât du gain et des exigences draconiennes des sponsors qui veulent des résultats immédiats en contrepartie de leurs investissements.

Des sportifs peuvent être amenés à oublier leur idéal de départ pour emprunter des voies qui n'ont plus rien à voir avec le sport pratiqué de manière loyale et honnête. Par ailleurs, certains humains ont fait de l'argent le moteur essentiel de leur vie, souvent au détriment de leur équilibre moral.

La morale et l'éthique dans le sport ou dans notre vie quotidienne ne dépendent que de nous. Elles exigent une nouvelle fois que l'on soit très clair, avec soi-même et avec les autres. Si nous sommes uniquement préoccupés de gloire, de succès, d'aspects financiers, il nous sera impossible de progresser, car nous serons continuellement confrontés à des émotions perturbatrices.

Quoi que vous fassiez, n'abandonnez pas l'intention altruiste. L'argent, la gloire, l'ambition ne méritent pas que nous détruisions le précieux corps humain[1]*. Transcendez plutôt l'illusion matérialiste par la pratique de la voie spirituelle.*

Quand on évoque la violence dans les stades, il va de soi que je ne peux l'admettre. Il nous faut développer sans cesse la tolérance. Elle ne viendra que si nous posons un regard de compassion sur les autres. Une telle attitude n'est ni de la faiblesse, ni de la complaisance. Si des êtres – sportifs ou non – sont malheureux, durs, intolérants, voire agressifs, il nous appartient de ne pas entrer en rivalité ou en compétition avec eux, mais de porter sur eux le regard

1. Existence humaine possédant les huit libertés et les dix conditions favorables pour la pratique du Dharma.

d'une mère pour ses enfants. Même s'ils ont fait toutes les folies du monde, même si leurs actes sont incorrects, il n'y aura aucune haine dans les paroles que nous leur dirons. Ainsi, comme il n'y aura que de l'amour dans notre attitude, le rapport de peur et de repli sur soi se transformera inévitablement en un rapport d'ouverture et donc de compassion.

> *L'amour dans le bouddhisme est l'intention d'établir tous les êtres dans le bonheur absolu. La compassion est l'intention de libérer tous les êtres de la souffrance et des causes de la souffrance.*

11
L'attitude juste avec nos animaux

Les bouddhistes pensent que les êtres prennent naissance dans six mondes, dont l'un est celui des animaux[1]. La description précise et détaillée de chacune de ces six classes relève d'un enseignement général qui ne conviendrait pas ici. Cependant, j'ai remarqué que les lamas tibétains vivent très souvent entourés d'animaux, oiseaux, chiens, chats... pour la plupart. Chacun sait que le seizième Karmapa entretenait un rapport merveilleux avec les animaux, qui l'approchaient tous spontanément, et le Dalaï-Lama nous a enchantés en racontant ses interventions fermes mais peu efficaces auprès de sa chatte - non bouddhiste - qui adore tuer les souris.

Trinley Thayé Dordjé possède trois chiens, dont le fameux Matix, Lama Jigme Rinpoche également trois,

1. Voir p. 162.

ainsi que deux chats. À Dharamsala, avec le Dalaï-Lama en premier lieu, puis avec Jetsun Pema, sa sœur, ensuite, j'ai pu m'apercevoir à quel point ils intégraient les animaux dans leur quotidien, mais en leur laissant en même temps beaucoup de liberté. Je me rappelle le chagrin de Jetsun Pema, lorsque, d'une manière totalement imprévisible, un léopard a pénétré dans son jardin, pour s'emparer de sa jeune chienne lhassa abso et s'enfuir dans la forêt avoisinante pour la dévorer.

Le rapport que nous, Occidentaux, entretenons avec les animaux pose quelques questions. Soit ils nous laissent totalement indifférents et, dans ce cas-là, nous pouvons nous montrer à leur égard d'une cruauté monstrueuse, soit nous y sommes attachés d'une manière quasi maladive, car ils sont alors souvent un substitut à nos carences affectives.

> Il est rare que nous ayons trouvé le ton juste, l'attitude juste avec nos animaux. Probablement, parce que nous n'avons pas encore compris qui ils sont et comment ils fonctionnent, ce qui n'est guère étonnant compte tenu des difficultés que nous avons à nous connaître nous-mêmes. Alors, dans le meilleur des cas, et peut-être pour nous rassurer, nous leur prêtons des sentiments et des comportements humains, à l'évidence inappropriés à leur état.

Chacun sait - la presse s'en fait largement l'écho - que la possession d'animaux domestiques - chiens, chats... - en Europe, et particulièrement en France, a atteint des sommets surprenants, et que la consommation en matière de produits pour les animaux domestiques est en constante progression.

L'étude des mécanismes qui sous-tendent les comportements de certains propriétaires de chiens et chats nous révélerait probablement beaucoup sur notre état psychologique et émotionnel en ce début de troisième millénaire.

Il n'y a pas besoin d'être un lama réalisé pour se rendre compte que, dans nos sociétés occidentales en tout cas, nous développons des attitudes d'attachement viscéral avec certains de nos animaux. J'ai voulu savoir si le bouddhisme donnait un éclairage particulier à la relation humains-animaux, et quel type de rapport convient le mieux aux animaux.

Dhagpo Kagyu Ling, où j'ai séjourné lors de la tournée d'été du Karmapa, est un véritable lieu de prédilection pour les animaux - particulièrement chiens et chats... - qui vivent en toute liberté et heureux, comme s'ils savaient qu'en ce lieu rien ne peut leur arriver de mal, car chacun s'emploie à les comprendre et à les respecter. Ce lieu a l'air de tellement leur plaire que même les chiens et les chats des voisins n'hésitent pas à y venir passer l'après-midi !

Il n'est pas rare non plus que ceux qui veulent se débarrasser d'un animal, ou ceux qui en ont trouvé un, viennent tout simplement le déposer la nuit à Dhagpo, sans d'ailleurs tenir compte des embarras qu'ils créent.

Ils savent comme tout un chacun dans la région qu'à Dhagpo, tout le monde respecte un des principes de base du bouddhisme, qui est de ne pas tuer.

Les animaux qui vivent à Dhagpo ou ceux qui viennent de l'extérieur ont compris la règle du jeu. La reine s'appelle Tara – c'est une jolie lhassa abso blanche appartenant à Lama Jigme Rinpoche. Elle est toute petite, mais dotée d'un fort caractère qui fait que les autres la respectent instantanément. Sa fille, Simbi, même race, même propriétaire, est plus douce, mais sait également très bien se faire comprendre de ses congénères et des humains. Enfin, tout le monde sait que Passang, le dernier arrivé dans la famille, un magnifique golden retriever, à peine âgé d'un an, est « une bonne pâte », affectueux, enjoué et espiègle.

Les pratiquants de Dhagpo m'ont indiqué qu'ils étaient convaincus que tout se passait bien grâce à Lama Jigme Rinpoche qui, selon eux, développe avec les animaux des liens spéciaux. Ils se sentent immédiatement en confiance avec lui, et vivent en paix autour de lui.

J'ai voulu en savoir plus. Lama Jigme Rinpoche considère – comme tous les bouddhistes – que les animaux sont dotés d'une conscience semblable à la nôtre et qu'ils possèdent aussi la nature de bouddha. Seulement, ils ne voient pas le monde comme nous, ce qui entraîne des différences de réaction. La différence entre eux et nous, au niveau de la conscience, est donc très fine. Comme nous, ils connaissent les émotions et l'ignorance, qui obscurcissent leur sagesse naturelle. Pour eux, ainsi qu'il l'a été dit, l'ignorance est leur principale caractéristique. Elle vient de leur karma passé, mais nous pourrions dire que nous avons plus de chance qu'eux, car nous pouvons mieux nous orienter dans nos vies que les animaux.

Et Lama Jigme Rinpoche ajoute que, de ce fait, nous sommes responsables des animaux. Je me suis alors posé une question : Les animaux peuvent-ils accéder à l'Illumination ? Le bouddhisme dit qu'il existe des êtres capables de communiquer avec eux, leur transmettant même les enseignements qui leur permettent de sortir de leur condition. Des bouddhas, des bodhisattvas se manifestent auprès des animaux, sous une forme ou une autre, pour les aider. Difficile évidemment de vérifier cette affirmation. En revanche, ce que l'on peut voir et constater, c'est l'attirance immédiate et sans crainte que les animaux ont parfois pour certains humains. Ainsi, tout le monde se souvient de saint François d'Assise et des oiseaux.

Ce type de relation peut se créer parce que ces êtres humains-là communiquent avec les animaux d'une manière autre que verbale, un peu comme si la communication s'établissait de conscience à conscience entre l'humain et l'animal. L'humain a donc la possibilité de transmettre à l'animal ce dont il a besoin pour se calmer et être heureux. L'entourage de Lama Jigme Rinpoche est convaincu de ses capacités à agir de même.

Lama Jigme Rinpoche m'a raconté que des animaux sur le point de mourir se réfugiaient à Rumtek auprès du seizième Karmapa, afin de recevoir son aide. Sa Sainteté savait exactement ce dont avaient besoin les animaux pour ce moment, et il agissait différemment et en conséquence avec chacun d'eux. Deux des chiens du seizième Karmapa, alors qu'ils étaient en parfaite santé, moururent le jour même de sa crémation, signe d'une connexion spirituelle forte avec lui.

Évidemment, ce genre d'informations donne matière à réflexion, et nous pouvons nous demander si nous n'avons pas tout faux en matière de comportement animal. La manière d'être des lamas avec leurs animaux constitue même une source d'enseignement pour les disciples.

Les réactions et la manière de vivre de nos animaux nous renseignent sur ce que nous sommes nous-mêmes et le degré de tolérance et de compassion qui nous habite.

12
Instructions du cœur de Lama Guendune Rinpoche

Parce qu'il est reconnu par tous comme un maître exceptionnel, j'ai tenu dans ce livre à rendre un hommage particulier à Lama Guendune Rinpoche. Son influence continue de rayonner auprès de ses disciples qui considèrent, bien que séparés physiquement de lui, qu'ils ne le sont pas de son esprit. Ils continuent leur chemin, comme s'il était présent, et font en sorte que ses enseignements vivent dans leur quotidien. Le texte qui suit dans ce chapitre et le suivant énoncent des instructions fondamentales qu'il leur a données.

S'intercale le commentaire de Sa Sainteté Trinley Thayé Dordjé sur les *Trente-Sept pratiques du bodhisattva*, un texte écrit au XIVe siècle par Thomé Zangpo. Ce commentaire du Karmapa est d'autant plus précieux qu'il a été rédigé alors qu'il n'avait que onze ans.

Chacun pourra apprécier l'authenticité des enseignements de Lama Guendune Rinpoche, strictement fidèles à la tradition bouddhiste tibétaine.

*

* *

Les humains ont un problème fondamental : leur vision est tournée vers l'extérieur, notre corps a des yeux qui regardent au-dehors. C'est certainement l'expression de notre esprit qui a tendance à regarder à l'extérieur et jamais à l'intérieur. Tous les problèmes viennent de cette mauvaise direction de la vision, de l'attention et de l'analyse. On regarde à l'extérieur, et l'on y voit bien des désagréments. Le Dharma propose d'inverser cette vision, de regarder vers l'intérieur, de voir ce qui se passe véritablement en notre esprit.

> *Si, sans comprendre les actes que nous accomplissons, nous ne nous examinons pas, en apparence, nous ressemblons à un pratiquant du Dharma, mais en réalité, nous agissons à l'encontre de celui-ci. Cela est vrai pour beaucoup d'entre nous. C'est pourquoi, il faut s'appliquer à ne pas se tromper soi-même en s'examinant, afin d'abandonner les conduites contraires au Dharma. Telle est l'attitude du bodhisattva.*

Quand on commence à regarder à l'intérieur, on est surpris de voir qu'il n'y a pas une action qui ne s'appuie sur les émotions, pas une action qui ne soit guidée par la saisie égocentrique, pas une action qui ne vise à se satisfaire, soi.

On s'aperçoit que l'esprit est empli d'émotions telles que la jalousie, l'attachement, la colère, qui sont finalement inconscientes : nous n'en avons pas une claire vision. Puisque notre regard est dirigé vers l'extérieur, ce que nous voyons, c'est le résultat à l'extérieur. Puisque notre esprit est empli de jalousie, nous voyons à travers le filtre de la jalousie. Et que voit-on à l'extérieur ? Un monde de jalousie. Et bien sûr, on se dit : « Les gens sont jaloux de moi, ils m'envient pour telle ou telle chose. » On ne se remet jamais en question, mais par contre on remet très souvent l'autre en question.

Sur le fondement de cette jalousie, s'élève l'orgueil : les autres sont jaloux de nous, parce que nous sommes vraiment fantastiques, ou que nous avons ceci ou cela. Nous nous sentons supérieurs et cette question de la suprématie du moi n'est jamais remise en question. Nous regardons simplement l'autre et nous projetons sur lui ce qui est inconsciemment au plus profond de notre esprit, et que nous ignorons totalement, parce que nous ne regardons jamais à l'intérieur. L'autre est forcément jaloux, nous sommes donc agacés par cette jalousie, qui n'est que le fruit de notre propre projection ; et sur la base de cette projection que nous opérons vers l'extérieur, nous développons de la colère, qui vient polluer notre esprit. Nous sommes sous l'emprise de la colère, mais nous ne voyons pas qu'elle est en notre esprit en premier lieu ; en revanche, nous la voyons chez l'autre, ce qui nous met encore plus en colère.

C'est un cercle vicieux qui fait que nos émotions entretiennent une relation conflictuelle avec l'autre ; en retour, il y a davantage d'émotions et cet amoncellement de poisons se nourrit de lui-même. On ne peut interrompre ce cycle aussi longtemps qu'on ne regarde pas à l'intérieur de soi, et qu'on ne reconnaît pas que la faute est avant tout en soi-même. Tant qu'on est incapable d'avoir cette vision et d'accepter cette réalité, on ne peut pas se libérer de l'emprise des émotions, et on ne peut donc pas se libérer de la souffrance qu'elles génèrent.

C'est justement parce qu'on est incapable d'avoir cette vision tournée vers l'intérieur que l'on campe sur ses positions. Nous pensons avoir raison en toutes circonstances, et nous ne remettons jamais cela en question. Nous avons la vérité, nous avons la supériorité, nous avons le bon goût, nous avons tout et les autres n'ont rien. À partir de cette hypothèse, qui est plus qu'une hypothèse, car pour nous elle est la vérité, nous nous relions à l'autre. Cette base est faussée dès le début et ne peut générer que des conflits et des émotions que nous ne pouvons voir en nous-mêmes. Sur cette base de l'orgueil, de la certitude de notre bon droit, nous nous battons pour imposer ce bon droit, puisqu'il est juste à nos yeux. On entre ainsi dans les conflits, dans les guerres, dans les jalousies.

> Notre œil est très vif et perçant pour voir les petits défauts ici et là, mais nous ne parvenons pas à réaliser que notre vision même est voilée. Nous voyons les choses au travers de filtres qui nous font voir la réalité comme nous la concevons, et non pas comme elle est.

Si l'on regarde à l'intérieur, et que l'on commence à se remettre en question - telle est la proposition fondamentale du Dharma : se remettre en question, remettre en question la validité de l'ego, la fierté, l'orgueil, et voir si effectivement on a toujours raison - on s'aperçoit de plus en plus de la réalité de la situation, et il y a alors un moment de grand embarras, une sorte de gêne : on est embarrassé, parce qu'on s'aperçoit de ce que l'on est véritablement. Il y a un malaise vis-à-vis de nous-mêmes, parce que nous nous rendons compte que c'est sur la base de nos émotions que nous pouvons percevoir chez les autres les défauts, les problèmes et les difficultés. C'est difficile à accepter, mais il faut avoir le courage de continuer l'investigation, de creuser encore plus profondément dans le courant de notre être, pour explorer la totalité des recoins de notre esprit et toutes les émotions qui peuvent s'y cacher. C'est le seul moyen de se libérer de cet enchaînement qui se nourrit de lui-même et génère la souffrance. Il faut se regarder, et quand on se voit, on voit effectivement la présence d'émotions que l'on attribue aux autres. Et plus on analyse cette situation, plus on tourne la vivacité de son regard vers l'intérieur, plus on s'aperçoit de cette réalité des émotions en nous. Et là, naturellement, l'orgueil, qui était le support, le piédestal de toute l'activité conflictuelle, s'écroule.

> La vision juste que l'on commence à développer à propos de soi-même détruit la forteresse de l'orgueil ; la fierté tombe en morceaux et, à la suite, tous les fruits, la jalousie, l'attachement, la colère, l'envie s'écroulent comme un château de cartes.

On se rend compte que les autres ont beaucoup plus de qualités qu'on ne le pensait, et qu'on a soi-même beaucoup plus de problèmes à résoudre qu'on ne le pensait. Ainsi, naturellement, la projection agressive, conflictuelle, vers l'extérieur, qui était notre lot quotidien, cesse ; et puisqu'on n'entretient plus de situation conflictuelle, une certaine sérénité, une pacification s'installent dans notre esprit. Le travail est à l'intérieur, nous travaillons donc avec nos émotions, mais nous ne sommes plus en conflit avec l'extérieur. Notre esprit se pacifie - *chiwa* -, se stabilise - *népa* -, le calme mental - *chiné* - s'établit dans le courant de notre être. C'est très facile à faire, il n'y a pas de technique à développer, il y a simplement un regard à porter à l'intérieur.

Résumons le sens de ce qui précède : quoi que nous fassions avec le corps, la parole ou l'esprit, n'étant ni séparé de la vigilance qui permet de voir si notre esprit est positif ou négatif, ni séparé de la conscience qui s'efforce à la vertu, nous accomplissons des bienfaits pour les autres. Telle est l'attitude du bodhisattva.

La raison pour laquelle nous sommes aussi sûrs de notre supériorité et de notre bon droit, c'est que nous regardons vers l'extérieur et que nous n'avons jamais jeté ne serait-ce qu'un seul coup d'œil dans notre esprit. Si l'on se mettait un seul instant en question et qu'on retournait sa vision pour une introspection profonde du courant de l'esprit, on verrait qu'on n'est pas aussi certain, aussi juste qu'on pensait l'être au premier abord. Plus on fait cela, plus on se rend compte de l'abondance des émotions présentes dans notre esprit, plus on se rend compte que la source des problèmes est en nous-mêmes et que c'est là qu'il faut chercher à transformer les émotions, et non à l'extérieur. Plus on regarde en soi-même, plus on voit le jeu des émotions, la manière souterraine, inconsciente et très subtile dont elles fonctionnent, la manière dont elles tissent un réseau de réactions qui nous emprisonnent complètement et que nous ne voyons pas, car notre regard est occupé à juger l'extérieur. Si l'on considère que l'on a surtout des défauts, et qu'énormément de choses sont à changer en nous, c'est un excellent signe. Cette prise de conscience est une qualité primordiale. Si, par contre, on considère que tout va bien et que nous pouvons faire le compte de nos qualités, finalement assez nombreuses, c'est le signe d'un défaut majeur qui est de ne pas regarder véritablement, profondément, ce qui est en nous.

> Le monde est le miroir de nos sourires et de nos grimaces. S'il est rempli d'agression, c'est que notre esprit est rempli d'agression. S'il est rempli de sourires, c'est que notre esprit est rempli de sourires. Si le monde nous dit bonjour, c'est que nous sommes polis et que nous disons bonjour.

Il faut vraiment effectuer cette recherche, il faut vraiment se regarder dans les yeux, sinon nous allons continuellement scruter l'extérieur.

Le courant de notre esprit est pollué par les émotions. Il faut le nettoyer. Alors, on pourra vraiment aider les autres, on sera vraiment utile, on sera vraiment leur ami, car on se sera nettoyé soi-même.

> Quand notre esprit est totalement nettoyé et qu'on ne projette plus aucune agression, aucune émotion, aucun attachement sur le monde, lorsqu'on entretient une relation d'altruisme, d'amour et de compassion avec ce monde, où pourrait rester la souffrance dans notre esprit ? Où pourrait être l'agression ? Notre esprit deviendra totalement pur, la relation avec les autres sera totalement pure ; il n'y aura que transformation, aide, amour et compassion.

Notre existence, notre corps et l'expérience que nous faisons au travers du corps, de la parole et de l'esprit sont le résultat de tout ce que nous avons été ; ils sont le résultat de tous les actes, de toutes les paroles, de toutes les pensées que nous avons développés au cours d'innombrables existences. Notre existence présente est un agrégat de différentes choses : des vieilles tendances, des vieilles habitudes compulsives qui nous emportent sur les mêmes chemins sans arrêt. Ces vieilles tendances inscrites au plus profond de notre corps, de notre parole et de notre esprit régissent nos modes de réaction, et dans telle ou telle circonstance qui vient des causes et des conditions nées du karma, on réagit d'une façon habituelle, compulsive, sans même y prêter attention, de façon instinctive. Nous créons ainsi à nouveau un acte, à nouveau du karma, un passif qui rendra plus complexe encore, dans les existences à venir, cet agrégat que forment notre corps, notre parole, notre esprit.

Il faut bien comprendre cet état : ce que nous sommes est le résultat de ce que nous avons été, ce que nous faisons maintenant augure de l'avenir et de ce qui sera. Il faut d'instant en instant, avec cette vision, avec cette connaissance, laisser s'élever toutes les expériences qui se produisent dans notre esprit ou dans notre vie sans les saisir, sans les attacher, sans se les approprier.

> Si le karma apporte des conflits, des émotions, etc., il faut simplement les voir comme un mouvement de l'esprit et les lâcher, les laisser se reposer ; voir que les pensées naissent dans notre esprit sous l'impulsion de tel attachement,... laisser reposer à nouveau dans l'esprit ces mouvements de pensée qui s'élèvent, ne pas prêter le flanc à l'incitation qui naît dans l'esprit du fait des tendances habituelles, du fait du karma.

Une sorte de poussée karmique s'élève dans notre esprit, et notre liberté est, dans cet instant, de la voir et de ne pas en être l'esclave, de ne pas réagir de la façon compulsive habituelle, en saisissant, comme on l'a toujours fait, cette poussée karmique. Il faut voir que c'est une graine karmique qui s'élève et que, si on la contemple et qu'on la lâche, cette graine karmique est libérée.

13
L'enseignement de Lama Guendune Rinpoche sur la motivation juste

Quel est le cœur du Dharma, quel est le cœur de cette pratique que l'on souhaite entreprendre ? C'est le développement de l'amour et de la compassion. Pour Lama Guendune Rinpoche, ils sont au cœur de tout exercice spirituel. L'amour est le souhait profond, ainsi que l'engagement à agir pour le bonheur de tous les êtres. C'est le souhait profond que tous les êtres aient le bonheur et les causes du bonheur, souhait qui sous-tend tous nos actes, toutes nos paroles, toutes nos pensées : tel est l'amour infini. La compassion infinie est la prise de conscience de la souffrance des êtres, et le souhait profond qu'ils soient libres de cette souffrance et qu'ils puissent comprendre ce qui la génère de façon à s'en libérer eux-mêmes.

Même si, n'ayant pas commis la moindre faute, fût-elle aussi petite qu'une graine de sésame, nous sommes condamné à être décapité par quelqu'un, il nous faut alors, par la force de la compassion, souhaiter qu'il n'expérimente pas le fruit de cette négativité.

Cette vision de la souffrance d'autrui génère l'infinie compassion dans le courant de notre esprit ; cette prise de conscience nous motive à agir et soutient toutes nos actions.

Avec ces deux idées, l'amour et la compassion, nous allons essayer de mettre en application tout ce qui est réalisable, de façon à soulager le plus profondément et le plus largement possible tous les êtres, sans partialité. Quelles que soient les difficultés que nous puissions rencontrer dans cette œuvre, nous allons mettre totalement notre énergie de corps, parole, esprit au service des autres, passant au-delà des difficultés, des obstacles, de la fatigue et de la douleur, de façon à les libérer totalement de cette souffrance. C'est donc la vision de leur douleur qui inspire notre action, et cette action est donc une action de compassion.

Lorsqu'on approche cet état d'esprit de compassion, il faut veiller à ne pas le détourner. Certaines choses dans le Dharma peuvent être récupérées par l'intérêt égoïste.

> L'amour et la compassion peuvent être détournés, tout comme la confiance, la foi ou la dévotion que l'on a envers un maître. Il faut être très vigilant, parce qu'on a souvent le sentiment d'être quelqu'un d'aimant et de compatissant, alors que la portée de cet amour et de cette compassion est limitée à ceux que l'on apprécie.

Ce ne sont pas une véritable compassion et un véritable amour, mais une simple forme d'attachement. Cet attachement est très ordinaire ; il peut avoir l'aspect de l'amour authentique du bodhisattva, mais sa partialité le rend tout à fait ordinaire. Il est en fait au service de ce que l'on considère être juste et bon, c'est une forme d'attachement liée à notre discrimination.

Ce qui peut être également détourné, c'est la confiance dans le maître. Celle-ci peut être récupérée par l'ego qui la transforme en attachement et en désir. Il ne faut pas confondre désir et dévotion, comme il ne faut pas confondre amour partial et amour de bodhisattva.

Après avoir développé cette intention profonde d'amour et de compassion, il est nécessaire de la mettre en action. La langue tibétaine est claire à ce sujet. Elle dit : « la prendre dans ses mains », ce qui signifie vraiment mettre en action ! On s'efforce d'appliquer cette intention profonde – « puissent tous les êtres avoir le bonheur et les causes du bonheur » – dans notre action de tous les jours et dans notre pratique. On le fait en adoptant un mode de vie qui en lui-même déjà ne nuit plus à quiconque, au travers du corps, de la parole et de l'esprit. On adopte une éthique formée à l'image de ce que le Dharma enseigne. On apprend ce qui est juste et ce qui n'est pas juste, ce qui doit être accompli et ce qui doit être évité, ce qui en nous doit être développé et ce qui en nous doit être discipliné. On commence à faire ce travail en soi-même, soutenu par l'idée qu'ainsi on crée effectivement des conditions de bonheur pour tous les êtres. Ensuite, nous essayons, au travers de notre démarche personnelle, de notre pratique, de donner un exemple de vie et de partager cette réalisation, d'inciter peut-être les autres à suivre cet exemple et à adopter cette éthique, afin de créer les causes du bonheur.

> *À quoi bon obtenir un bonheur personnel, alors que tous les êtres, nos mères du passé qui nous ont chéris et protégés, sont dans la souffrance ! Engendrer l'esprit d'éveil pour libérer du cycle des existences tous les êtres innombrables est une attitude de bodhisattva.*

On retrouve ainsi le deuxième aspect de l'expression de l'amour infini : « Puissent tous les êtres connaître les causes du bonheur ! » Il s'agit de leur montrer qu'une voie juste avec une action juste génère les causes du bonheur, qu'ainsi on crée le bonheur en le développant en soi-même, et qu'on peut progressivement le faire partager à tous les êtres. Cette action est soutenue par l'idée de l'amour, et la compassion fera de même ; on essaie par notre action de ne plus nuire, puis de soulager en second lieu la souffrance de tous les êtres. Et on essaie aussi de faire en sorte qu'ils comprennent la cause de la souffrance et des actions négatives, le jeu de l'ignorance, afin que progressivement ils adoptent une éthique qui les libère de ces causes de souffrance.

Il faut veiller à ce que notre amour et notre compassion, dans l'intention comme dans l'application, soient totalement impartiaux, universels. On a en effet une tendance naturelle à dire : « J'aime certains êtres, j'aime ceux qui me sont proches. » Il ne faut pas supprimer cela, mais l'accroître et dépasser les limites de cette partialité que notre ego, notre propre discrimination, impose à notre activité d'amour et de compassion. Il faut dépasser ces limites en envisageant, dans un premier temps, ceux pour qui on a de l'indifférence, qui ne sont ni des amis ni des ennemis. On développe une sorte de sensibilité à la souffrance de l'autre et cette indifférence disparaît progressivement. On considère, ensuite, ceux que généralement on essaie d'éviter et qu'on regarde comme des obstacles ou des ennemis, pour arriver à comprendre que ce sont eux qui ont le plus besoin de notre amour et de notre compassion. Non seulement, il ne faut pas les exclure de notre activité de compassion et de notre intention d'amour, mais, au contraire, il faut les privilégier.

> Notre amour et notre compassion demeurent souvent des vues de l'esprit, parce que nous sommes incapables de nous ouvrir véritablement à la souffrance de l'autre, du fait que nous percevons tout de notre point de vue.

C'est de notre position que nous considérons l'autre, et c'est en fonction de ce que l'on ressent et pense que l'on évalue sa souffrance. Pour cette raison, une juste perception de la souffrance de l'autre nous est impossible, et par conséquent notre action d'amour et de compassion reste limitée à ce que nous estimons être juste.

Par exemple, les insectes sont très insignifiants pour nous. Puisque à nos yeux un insecte n'est rien, qu'est-ce que ce rien du tout peut ressentir ? Quels sont les états d'âme d'une fourmi ? Quelles sont la souffrance et les aspirations d'un insecte ? Puisqu'on juge depuis son propre point de vue, on considère que la souffrance de cet être insignifiant est quasi inexistante. Si l'on arrivait à faire l'échange un instant, à se mettre en quelque sorte à la place de la fourmi, et à regarder l'univers non plus de notre point de vue mais du sien, notre perception de la souffrance et des aspirations de cette fourmi serait différente. On verrait que le monde est très inquiétant, avec des montagnes qui bougent autour de nous, et qu'il faut faire très attention, car ces montagnes ont la fâcheuse habitude de nous écraser. On verrait que ce monde est finalement un lieu de souffrance, où l'on est sans cesse agressé par différents insectes qui ne pensent qu'à nous dévorer. Lorsqu'on a cette vision, qui n'est plus notre vision, mais qui, au travers des yeux de l'autre, voit la souffrance d'autrui, notre compassion devient alors vraiment sincère et profonde.

On ressent un véritable intérêt pour le bonheur et l'absence de souffrance des êtres en se mettant à leur place et en percevant la souffrance au travers de leur expérience. Notre action altruiste sera alors authentique, elle ne sera plus un jeu d'enfant, mais une prise de conscience profonde de la souffrance.

D'autre part, on a souvent le sentiment que l'on éprouve de la compassion lorsqu'on voit souffrir des gens qui nous sont proches et chers. Nos amis, notre famille sont affligés d'une maladie ou accablés de problèmes, et nous souffrons, nous sommes malheureux. On a le sentiment que, dans cette situation, on a développé amour et compassion à l'égard d'un être qui souffre, et qu'on est sur la voie du bodhisattva avec cet amour et cette compassion tels que les textes l'expliquent.

C'est une erreur, on ne développe ni amour ni compassion en cet instant, mais de l'attachement. En effet, il y a la discrimination, il y a la partialité, et c'est parce que cet être nous est proche et lié que l'on souffre. Si l'on regarde honnêtement, on voit que notre souffrance n'est pas tant le résultat d'une vision de la souffrance de l'autre, mais plutôt une sorte de projection de notre possible souffrance au travers de l'autre, qui nous appartient. L'autre est une extension de nous-même, l'autre est notre proche, et, dans ce lien, il y a un attachement, une identification. Cet autre est notre propriété, il fait partie de nous-même, et c'est égoïstement que l'on se sent blessé dans la souffrance de l'autre, que l'on a fait sienne. Cette forme de compassion est très ordinaire, et s'apparente beaucoup plus à l'attachement qu'à la compassion du bodhisattva. La même chose se produit dans le mouvement actif qui va soulager l'autre. Lorsqu'il y a partialité dans notre acte, on aide quelqu'un qui nous est cher et, à nouveau, c'est quelque chose qui est lié à nous-même. Cet autre est la prolongation de nous-même. En fait, c'est soi dans l'autre que l'on va aider. Là encore, ce n'est pas de l'amour ni de la compassion, mais une forme d'attachement. La preuve en est que, si on aide quelqu'un de proche et qu'en retour on ne reçoit ni gratitude ni remerciement, on est en colère, on est déçu. La déception est bien le signe que l'on était dans un investissement égoïste avec l'espoir d'un retour, et elle trahit notre intention égoïste dans ce pseudo-acte d'amour et de compassion.

> *Si nous protégeons une personne avec l'amour dédié à un fils, et qu'elle répond par la haine dédié aux ennemis, même alors, nous ne l'abandonnons pas, et nous gardons pour elle un esprit bienveillant, comme une mère dont l'amour s'accroît pour son fils malade. Telle est l'attitude du bodhisattva.*

> *Si des êtres ordinaires ont répandu de par le monde toutes sortes d'insultes à notre égard, répondre à ceux qui nous injurient par un esprit d'amour et de compassion, en louant leurs qualités, est une attitude de bodhisattva.*

Si l'on arrive à développer l'amour et la compassion de façon totalement impartiale, l'univers ressemble alors à une grande fraternité, et il n'y a plus d'opposition, plus de distinction entre ceux qui nous sont proches et ceux qui nous sont indifférents. Il y a simplement une grande bonté foncière, qui est le caractéristique de l'esprit d'éveil, et cette bienveillance fondamentale s'applique à tous les êtres, qu'ils nous agressent ou qu'ils nous aident. Ce n'est pas le point de vue de l'ego qui est important, ce sont le point de vue de l'autre et les besoins de l'autre qui sont importants. Lorsqu'on est dans cet état d'esprit et qu'on se libère de l'emprise de la saisie égocentrique, tout naturellement notre regard se pose d'une façon égale sur tous les êtres.

*

* *

Parfois, nous pouvons avoir des doutes quant à notre capacité à nous tourner vers l'Éveil. On se demande comment s'adresser au maître spirituel, comment s'adresser à Dordjé Tchang[1] qui est présent en face de soi. On ne se juge pas digne, on ne sait pas quelle parole utiliser. Il faut balayer tous ces doutes, la relation doit être simple, c'est une relation d'esprit à esprit. Notre esprit plein de dévotion et de confiance s'ouvre et requiert la bénédiction. Dans cette ouverture, tout est dit. Le langage peut être très simple, les mots peuvent être les nôtres, et il ne faut pas considérer que nous sommes incapables de nous ouvrir à l'Éveil. C'est par cette dévotion que notre cœur se libère. Notre aspiration à recevoir la bénédiction de l'Éveil est sincère et totale et, dans cette ouverture, la rencontre se fait naturellement. L'esprit du maître, l'esprit d'éveil et notre esprit sont alors totalement indissociables, et tous les mots sont superflus.

---

1. Dordjé Tchang ou Vajradara : manifestation particulière du Bouddha.

La relation de maître à disciple est également très simple ; il n'y a pas de grandes déclarations d'intention, de grandes déclarations d'amour-passion, par lesquelles le disciple viendrait en quelque sorte déclarer : « Je suis votre disciple. » C'est un travail qui s'effectue naturellement, la confiance se construit instant après instant et la relation s'établit d'esprit à esprit. Il suffit de s'asseoir, de s'ouvrir et de laisser son esprit s'imprégner totalement de la bénédiction du maître qui nous inspire le plus. C'est ainsi que cela fonctionne. Une grande déclaration d'intention cache souvent une absence d'ouverture. À l'inverse, un maître dirait : « Vous êtes mon disciple élu », il faudrait s'en méfier !

On se pose souvent la question de savoir ce qu'est un lama. Le lama, c'est la confiance, la foi qui est au plus profond de notre esprit. Si cette confiance dans l'Éveil est présente, le lama est présent aussi, et cette présence est permanente. Si nous pensons que le lama est un bouddha pleinement éveillé, notre confiance fait que nous recevons la bénédiction d'un être éveillé. Par contre, si nous le voyons comme un ami spirituel à qui nous pouvons poser quelques questions, afin d'éclairer un peu notre lanterne, même s'il est un être totalement réalisé, on ne s'ouvrira qu'à cette dimension d'ami spirituel, et on ne recevra donc que l'assistance d'un ami spirituel. Et, si nous le considérons comme un ami tout simplement, nous recevrons le secours et l'assistance d'un ami tout simplement. Il est vraiment important de comprendre que ce sont l'ouverture et la confiance du disciple qui font le lama ; le maître est présent dans la confiance et la dévotion de celui qui s'adresse à lui. On essaie souvent d'être le plus près possible du maître, on recherche la présence physique du maître, considérant que plus on est près du corps du maître, plus on est près de la source de bénédiction, et donc mieux cela ira. C'est une erreur profonde, parce que nous pouvons passer notre vie aux pieds du maître sans la moindre ouverture ni la moindre confiance ; nous aurons été physiquement près de quelqu'un, mais nous n'aurons jamais rencontré un lama. À l'inverse, on peut rencontrer un maître une fois ou de temps en temps, mais notre aspiration et notre ouverture seront telles que, dès que l'on s'assoira, et qu'on invoquera ce maître, celui-ci sera présent. Et dans nos actions, quoi que nous fassions, sera présent en notre esprit l'esprit du maître, ainsi que les bénédictions qui accompagnent cette union.

Il ne faut donc pas s'attacher à la forme du maître, car elle est transitoire et nous pourrions être perdus, lorsque cette forme disparaîtra. Par contre, si l'on s'est attaché à l'esprit, et que l'on a trouvé, par sa confiance et son ouverture, le maître en son esprit, que la forme soit là ou pas n'a pas d'importance. L'essentiel est de trouver cette confiance et cette dévotion qui sont le vrai maître.

Si le lama a des qualités, c'est bien, mais ce n'est pas l'essentiel. L'important est que le disciple, dans son esprit, voie ces qualités, qu'elles soient présentes dans son esprit par sa foi et sa confiance, et il recevra alors la bénédiction du maître. C'est vraiment la confiance du disciple qui fait la différence.

La rencontre d'un être éveillé, d'un maître totalement qualifié, avec un disciple qui lui aussi serait totalement qualifié est extrêmement rare, comme les étoiles qui brillent en plein jour. Un maître pleinement qualifié est un être dont l'attitude du corps, de la parole et de l'esprit est totalement en accord avec le sens profond du Dharma, en toutes circonstances, en public comme en privé, à l'intérieur comme à l'extérieur. Ces qualités sont aussi rares que les étoiles en plein jour.

Si nous nous en remettons à un ami spirituel authentique, quel qu'il soit, l'ignorance, l'attachement et l'aversion diminueront progressivement et les qualités, issues des actes positifs, s'accroîtront en nous, telle la nouvelle lune qui grandit jusqu'à sa plénitude. C'est pourquoi, considérer son ami spirituel comme plus important que son propre corps est une attitude de bodhisattva.

14
Les Quatre Nobles Vérités

Après une année passée à voyager autour du monde à la rencontre de ses disciples, le Karmapa est rentré en Inde au mois d'octobre, pour reprendre ses études et faire une retraite de plusieurs mois. Il m'a confié que sa prise de vœux, au Bost, en France, en avril dernier, a marqué un tournant dans sa vie. Son enfance, sa prime adolescence ne sont pas si éloignées, mais il sait qu'un changement profond est intervenu en lui et l'a éclairé utilement sur la manière d'aborder ses responsabilités. Il a tenu à me rassurer : il n'est pas nécessaire d'être moine pour accomplir un chemin spirituel et le réussir, mais c'est le meilleur moyen pour le Karmapa d'accomplir pleinement son activité.

La vie de Trinley Thayé Dordjé épouse deux siècles. Le XXe siècle s'achèvera au moment où se terminera l'écriture de ce livre, et le troisième millénaire commencera avec sa dix-huitième année. L'époque que nous vivons est riche de découvertes. Cependant, malgré les performances des technologies nouvelles et de la science qui ne cessent de nous surprendre, les progrès constatés dans tous les domaines ne profitent malheureusement pas à tous ; et partout dans le monde une majorité de jeunes se demande ce qu'elle va faire de sa vie.

L'option matérialiste, même soutenue par une recherche quasi spirituelle de la science, n'apporte pas de réponse complètement satisfaisante aux malaises ressentis. On est frappé par la détresse de beaucoup, d'autant qu'un grand nombre se réfugie dans la drogue ou l'alcool, et même se suicide. Tout cela ne me semble servir à rien, si ce n'est à malmener son corps, à maltraiter son esprit ; et, les bouddhistes nous disent que si nous détruisons le corps et l'esprit, nous maltraitons également, en même temps, notre monde, car, selon eux, tout est lié.

Les bouddhistes nous invitent encore à constater que le monde est souffrance, car nous vivons dans l'ignorance. Mais ils ajoutent qu'il existe des outils pour se sortir de cette condition, enseignés par le Bouddha, il y a deux mille cinq cents ans...

Le Bouddha a atteint l'Illumination – la réalisation totale de son être et la compréhension de toute chose – à Bodhgaya, en Inde, sous l'arbre de la Bodhi, après plusieurs semaines passées en méditation. Conscient de la profondeur et de la subtilité de sa découverte, il lui parut difficile de partager son expérience avec les hommes qui ne la comprendraient pas. Il se retira donc seul, à nouveau, et entra en méditation, sans intention d'enseigner. Cependant, deux dieux vinrent à lui, et lui firent la requête de dispenser l'enseignement, car les êtres souffraient trop. Le Bouddha accepta, se rendit au parc des Gazelles, à Sarnath, près de Bénarès, où il tourna la Roue du Dharma, en donnant son premier enseignement connu sous le nom « Les Quatre Nobles Vérités », en raison des principes exposés...

La Vérité de la souffrance,
La Vérité de l'origine de la souffrance,
La Vérité du chemin qui mène à la cessation de la souffrance,
La Vérité de la cessation de la souffrance.

Cet enseignement revêt une importance capitale, car il peut être également compris par des non-bouddhistes. Donné dans un monde qui n'est en apparence que souffrance, se pourrait-il que cet enseignement, suivi par quatre cents millions de personnes à travers le monde, soit encore aujourd'hui une réponse ?

Je m'en suis ouvert à Sa Sainteté Trinley Thayé Dordjé, qui m'a confirmé que les êtres pouvaient de nos jours encore trouver de l'aide dans ces enseignements, car la souffrance est toujours la même et le demeurera tant que nous ne serons pas parvenus à la libération. Et il m'a donné des explications...

*

*   *

La souffrance est la conséquence d'un certain nombre d'actions du corps, de la parole et de l'esprit qui ont été accomplies dans le passé, sous l'influence de l'ignorance.

Il existe plusieurs types de souffrances. Il y a tout d'abord la souffrance de la souffrance : ce sont les souffrances liées à la naissance, à la vieillesse, à la maladie et à la mort. Puis, il y a la souffrance du changement : il n'y a rien de fiable dans ce monde. Tout ce qui est construit vient un jour à être détruit. Toute richesse amassée est amenée à être épuisée. Toute renommée vient à disparaître. Toute louange se change selon les circonstances en médisance. Une fois nés, nous sommes obligés de mourir. Le monde en lui-même n'a rien d'essentiel. Si nous regardons dans le temps, nous ne trouvons personne qui ait échappé à la mort et au changement. C'est la nature même de l'existence.

Enfin, la souffrance inhérente à l'existence conditionnée est une notion subtile et complexe du bouddhisme. Nous sommes prisonniers de la souffrance, car nous possédons un corps composé des cinq agrégats[1] qui, de par leur nature, nous amènent à créer les causes de la souffrance.

Nous le voyons bien, l'état de souffrance est donc intrinsèquement lié à la notion de l'existence, ce que la plupart des humains ignorent ; tout comme ils ne savent pas que l'expérience de la souffrance et du bonheur est entre leurs seules mains, et n'est que le résultat de la venue à maturité de leur karma.

---

1. Agrégat de la forme, des sensations, des perceptions, des formations mentales et de la conscience.

Connaître la souffrance et le bonheur ne dépend que de nous. Sachant que leurs causes sont nos actions positives et négatives, il faut, lorsqu'on accomplit un acte, réfléchir à deux fois et être conscient de ses conséquences.

Les moyens employés par les êtres humains pour combattre leurs douleurs et leurs angoisses, ou pour les prévenir sont le plus souvent inappropriés, et donc inefficaces, tout au moins dans leur durée. L'alcoolisme, la drogue, la violence, la course effrénée vers les plaisirs, par exemple... sont des tentatives de réponses, dont on constate cependant rapidement les limites. La plupart du temps, les maux reviennent, sous une forme ou une autre, et il faut à nouveau recourir à ces subterfuges, mais cette fois en quantités plus importantes encore, ou à d'autres, plus intenses ou plus violents, mais qui se révéleront de toute façon aussi inutiles. Le seul résultat tangible de tout cela est que notre temps est gaspillé et notre précieux corps humain détruit.

Tous les bonheurs de ce monde sont comme la rosée du matin, voués à disparaître en un instant. C'est pourquoi il faut persévérer pour atteindre l'immuable état de bouddha.

Une des particularités du bouddhisme est qu'il ne traite pas le corps en ennemi. Celui-ci, au contraire, est considéré et même respecté. Nous disons qu'il est le véhicule de l'Éveil, le vaisseau qui permet de traverser l'océan de la souffrance – le cycle des existences ou samsara – pour arriver à la libération.

Nous n'avons aucune raison de malmener ou de mépriser notre corps.

> *Nous n'avons pas suffisamment conscience de la chance exceptionnelle que nous avons d'avoir obtenu un corps humain. Parmi les six classes d'êtres qui composent l'univers, les humains sont les rares à pouvoir accéder à la libération, justement parce qu'ils possèdent un corps qui leur donne par ses caractéristiques toutes possibilités d'écouter, d'étudier et de pratiquer la doctrine qui mène à l'Éveil.*

Les animaux, par exemple, possèdent bien un corps, mais qui ne leur donne pas les moyens de réaliser l'état de bouddha. Le corps humain est donc un bien précieux, fragile, et menacé à chaque instant. Nous pouvons le perdre à tout moment, car les conditions qui lui sont favorables ne sont pas très nombreuses. Ce qui nous sépare de notre mort est une seule et simple inspiration, suivie à ce moment-là d'une expiration, qui sera alors la dernière. Nous voyons bien que notre corps peut être détruit aussi facilement qu'une bulle d'eau.

15
Les émotions sont responsables de notre souffrance

Un siècle se termine, et nous avons de plus en plus de possibilités de connaître la véritable nature de l'homme, d'explorer son cerveau, de mieux cerner ses qualités et ses défauts. Les scientifiques se sont notamment aperçus que les émotions influaient sur son comportement, ses rapports avec les autres, sa vie sociale et sa santé. Nous avons tous connu l'angoisse, la peur, des joies et des chagrins. Mais pendant que la science progresse à grands pas, jamais les humains n'ont été autant confrontés aux maux qu'enferment dans leur ventre les sociétés modernes. Le tissu social que connaissaient les générations précédentes se déchire, les familles se disloquent, la violence est partout, dans les villes, dans les écoles, dans nos rapports avec les autres, l'égoïsme prend le pas sur le partage et l'amour, et nos pulsions nous conduisent parfois à bien des dérives.

Au cours de mes entretiens avec le Karmapa et son entourage, nous avons beaucoup parlé de sagesse et d'amour. J'ai demandé à Sa Sainteté ce qui poussait les hommes à se rendre esclaves de leurs passions, à se soumettre à leurs émotions, qui semblent régir toute leur vie, au détriment de la sagesse et de l'amour dont il fait si grand cas.

Il faut apprendre à maîtriser son esprit, en reconnaissant tout d'abord les émotions et en ne les suivant pas ensuite.

La question était inévitable, et un disciple, à l'issue d'un enseignement en France, a voulu savoir si, lui, le Karmapa, ressentait également des émotions ; il répondit :

– Oui, bien sûr, comme tous les êtres, mais je ne les saisis pas...

Je me suis alors souvenu de cette histoire que Khenpo Tcheudrak m'avait racontée au cours d'un de nos entretiens. Cela se passait en 1996. Il était allé voir le Karmapa pour lui dire sa tristesse face à l'attitude de certains autres lamas de la lignée à l'égard de Shamar Rinpoche. Sa Sainteté s'est alors approchée du Khenpo, lui a posé une main sur l'épaule, et lui a répliqué :

– Mais Khenpo, n'as-tu donc pas étudié le Dharma ?...

Le Karmapa rappelait ainsi qu'il fallait prendre tous les événements qui apparaissent comme un enseignement du Bouddha, comme une opportunité pour avancer sur la voie de l'Éveil. Observant l'attitude de Sa Sainteté et de Shamar Rinpoche, j'ai pu m'apercevoir qu'ils réagissaient autrement que les autres êtres : plus on cherchait à leur nuire, et moins ils manifestaient la volonté de répondre à ces attaques que la plupart d'entre nous ne pourrions certainement pas supporter. Eux semblent, tout naturellement, posséder la capacité de maîtriser leurs émotions.

C'est ainsi que le Karmapa a beaucoup insisté, dans ses enseignements, lors de sa tournée, sur la manière appropriée de répondre à l'agression et à la violence par d'autres moyens que ceux qui nous viennent habituellement à l'esprit.

> *Répondre à la critique par l'amour et la compassion est une réponse intelligente. Réagissant par la colère, nous développons la même attitude que celui qui nous critique. Cela est généré par l'ignorance. Il n'est pas facile de répondre avec bienveillance, et c'est pourquoi nous devons nous y entraîner.*

Au cours de tous ces entretiens avec Sa Sainteté et les lamas, j'ai compris que la souffrance et les émotions qui la génèrent sont intrinsèquement liées à l'existence. Lama Jigme Rinpoche m'en a entretenu et voici ce que j'en ai compris.

Nous sommes tous, sans exception, confrontés aux émotions, et connaissons les affres liées à la jalousie, la colère, le désir, l'orgueil blessé, la peur... Tous, nous sommes soumis au fait d'être attirés par quelque chose, de rejeter ce que nous n'aimons pas, ou de rester indifférents devant ce qui ne nous intéresse pas.

Nous pensons, et particulièrement quand la situation nous déplaît, que la cause de notre souffrance se situe à l'extérieur de nous-mêmes. Telle personne ou tel événement est responsable de ce qui nous blesse. Cette attitude contribue généralement à générer encore plus d'ennuis, d'ennemis, de colères, de déceptions... Mais, en fait, la cause se trouve à l'intérieur de nous, et la rechercher à l'extérieur ne la réduira pas.

> *Même si nous exterminons nos ennemis extérieurs, ils ne feront que croître, si nous ne détruisons pas notre véritable ennemie, la colère, qui est en nous. C'est la raison pour laquelle nous devons, armés d'amour et de compassion, anéantir notre ennemie, la colère.*

Pour apprécier les causes et les conséquences des émotions qui nous agitent, il existe, ici encore, des méthodes qui sont enseignées par le Dharma. Un point doit cependant être éclairci. Lorsqu'on parle d'émotions, il faut bien comprendre de quoi il s'agit. Nous avons l'habitude de diviser les émotions entre ce qui nous plaît et ce qui nous déplaît et nous n'aimons pas l'idée de devoir nous défaire de ce que nous aimons.

De plus, la compassion sera l'élément d'équilibre de l'attitude juste.

Lama Jigme Rinpoche a donné l'exemple d'un médecin qui, s'il laisse ses émotions le guider, n'aura pas un mental clair et verra son efficacité diminuer. Mais le même médecin ne peut pas, non plus, être indifférent, car, dans ce cas-là, il ne s'occupera pas des patients.

J'ai également entendu, avec une certaine surprise, que les émotions sont neutres. Ce qu'elles sont réellement n'est que ce que nous voulons bien qu'elles soient. À nouveau, en être libérés ne dépend que de nous, et il faut apprendre à les gérer de manière à ne plus en être esclaves.

La méditation apporte une aide considérable pour gérer nos émotions, car elle permet à l'esprit de se stabiliser. L'esprit alors n'est plus distrait par ce qui arrive autour de nous. Nous en avons toujours conscience, mais cela ne nous dérange plus. Plus calme, l'esprit devient plus clair et plein d'énergie. C'est l'exemple de l'eau : quand elle est claire, on peut voir le fond de l'étang ; quand l'esprit est clair, on peut voir sa vraie nature. L'aspect compatissant devient visible et agit à travers nous.

En fait, cette approche des bouddhistes sur la cause des émotions permet une grande ouverture vers l'autre et beaucoup de tolérance. Le point de vue personnel se déplace. Il n'est pas oublié, mais celui de l'autre est également pris en considération. Nous nous mettons à sa place et, sans que nous nous soumettions totalement à ce qu'il fait ou dit, une compréhension de la manière dont il fonctionne – la même que la nôtre – commence à naître.

Le puzzle se met en place. Nos émotions sont responsables de notre souffrance. Elles sont dues à notre karma passé et à notre ignorance présente. Certaines méthodes de méditation peuvent nous faire voir plus clair, afin de nous aider à briser notre enfermement.

Il paraît difficile de clore cette question des émotions sans parler brièvement de leurs liens avec les six classes d'êtres. Les bouddhistes disent que, compte tenu de leur karma et tant qu'ils ne se seront pas libérés, les êtres renaîtront dans un des six mondes qui composent le samsara, c'est-à-dire la suite sans fin des renaissances.

Trois classes sont dites inférieures. Elles concernent les êtres des enfers, les esprits avides, les animaux. Trois autres sont meilleures, car les souffrances y sont moins intenses : celles des hommes, des demi-dieux et des dieux.

Ces mondes n'existent pas réellement. Nous pourrions en dire qu'ils sont plutôt des états d'esprit, des expressions des émotions. Ainsi, c'est la colère qui est reliée aux enfers. L'ignorance est plutôt un trait du monde des animaux, tandis que l'avarice fait renaître chez les esprits avides, et le désir chez les humains.

Il existe pour les bouddhistes dix-huit types d'enfers qui portent chacun un nom représentatif des souffrances endurées dans cet état. Par exemple, dans les enfers brûlants des Lignes Noires, les uns sont découpés à la scie, les autres avec des haches aux tranchants effroyables, selon des lignes noires tracées sur le corps. Le monde des esprits avides est divisé en trois groupes, mais tous les êtres qui y vivent sont incapables de se nourrir, car les aliments sont néfastes pour eux : un être de ce monde percevra tous les aliments sous forme de pus et de sang, donc impropres à l'alimentation ; la bouche d'un autre sera très petite et son estomac énorme, et il sera incapable de boire et de manger...

Il n'est pas nécessaire de décrire le monde des animaux qui est le seul que nous pouvons voir et que nous côtoyons. Ils souffrent d'être dépendants de nous, d'être abattus ou de s'entretuer. Nous avons déjà longuement parlé des souffrances du monde des hommes. C'est le désir-attachement qui fait renaître dans ce monde. Les souffrances éprouvées par les demi-dieux sont dues au fait qu'ils sont orgueilleux, jaloux des dieux, qu'ils se querellent et qu'ils se battent. C'est la jalousie qui entraîne la renaissance dans ce monde-là. L'orgueil fait renaître dans le monde des dieux, et quoi qu'on puisse croire, ce monde n'est pas plus enviable que les précédents : ainsi, certains dieux doivent se battre avec les demi-dieux ; d'autres vivent dans une forme de paradis qu'ils doivent quitter lorsque leur karma positif est épuisé pour retomber dans des mondes inférieurs.

C'est de ce cycle - nommé samsara - dont nous devons nous libérer, nous disent les bouddhistes. Shantidéva dit : « Où trouver un cuir assez grand pour couvrir la terre entière ? Le simple cuir d'une sandale y suffit. De même, je ne puis mépriser les phénomènes extérieurs ; mais, je maîtriserai mon esprit : que m'importe les autres maîtrises. »

Pour changer le monde, il faut changer notre esprit.

16
L'enseignement de Lama Jigme Rinpoche sur le samsara

Lama Jigme Rinpoche, qui intervient dans les milieux les plus divers - pas seulement bouddhistes d'ailleurs -, a parfaitement intégré la mentalité et les habitudes des Occidentaux. Ayant su adapter l'enseignement traditionnel du bouddhisme tibétain aux réalités de la vie moderne et à la vie des entreprises, sa réputation ne cesse de grandir, même auprès des managers. Aujourd'hui, Lama Jigme Rinpoche apporte à tous des clés pour mieux gérer les émotions, apprendre à calmer l'esprit, et suivre le chemin de la sagesse dans la vie quotidienne.

Au cours d'un enseignement donné à Dhagpo, Lama Jigme Rinpoche a expliqué quels étaient les différents moyens permettant de canaliser le flot impétueux de l'esprit et d'accéder à la maîtrise de soi, afin de ne plus être soumis aux hasards de la vie, libres ainsi d'utiliser au mieux tout ce qui s'élève en nous.

Comme pour Lama Guendune Rinpoche, j'ai souhaité, dans ce chapitre et le suivant, inclure cet enseignement, en raison du lien spirituel particulier qui a uni Lama Jigme Rinpoche au seizième Karmapa et qui l'unit désormais au dix-septième Karmapa. Laissons-lui la parole…

Il est nécessaire, tout d'abord, d'avoir une véritable compréhension de ce que nous sommes et de la nature intime du Bouddha. Tous les êtres sans exception, notamment les humains, ont des qualités intrinsèques de sagesse et de compréhension qu'il suffit de laisser réémerger. L'aspect de sagesse est déjà présent, mais il est temporairement recouvert par *marikpa.* Ce terme signifie : être dans l'état d'ignorance, ne pas être conscient des pensées qui nous animent ni du sens de nos actions. Pour réaliser la nature du Bouddha, on apprend à devenir conscient de l'état d'ignorance, afin de le transformer. Tous les enseignements du Bouddha ont pour objectif premier d'apporter un éclairage sur ce qu'est l'ignorance, sur ce qu'elle implique et sur la manière d'y remédier. Beaucoup d'enseignements expliquent que le plus important est de prendre conscience de ce qui se manifeste dans l'esprit, pour ainsi mieux comprendre les conditions où sont plongés et agissent tous les êtres, dont nous-mêmes. Si nous entreprenons une action, il s'agit de l'exécuter en connaissance de cause.

Les enseignements du Bouddha conseillent de s'entraîner sans attendre de solution extérieure. Nous avons trop souvent tendance à penser que l'extérieur est l'unique source d'intérêt, et notre attention s'y porte naturellement pour en recevoir des bienfaits. Cela est vrai en partie, mais il faut voir que l'essentiel est en nous-mêmes, et que c'est à notre propre esprit de s'entraîner.

> Si nous comprenons que toutes les solutions sont déjà présentes en nous, nous pouvons exercer l'esprit à prendre plus profondément conscience de sa propre nature, à être de plus en plus présent à lui-même.

Pour remédier à la confusion qui naît de cette habitude de porter sans cesse l'attention vers l'extérieur, on essaie de se tourner vers soi-même et d'observer l'état dans lequel on se trouve.

> L'esprit est semblable à un éléphant sauvage qu'il faut progressivement apaiser et maîtriser, de façon à canaliser ses grandes capacités dans un sens positif. L'esprit est vagabond. En l'observant, on prend conscience de la situation dans laquelle on se trouve et des émotions perturbatrices, sources de tension et de confusion à l'intérieur de soi.

L'ignorance dont il est question ici ne doit pas être entendue dans le sens de stupidité ou de manque d'éducation. Elle renvoie à un état qui peut être clair en soi, mais dont on n'a pas conscience. Plutôt que de parler d'ignorance, on devrait dire « le fait de ne pas avoir conscience ». La plupart du temps, nous sommes dans un état d'esprit limité, et pourtant l'esprit peut dépasser ces limites, car il possède une dimension illimitée. Ce manque de conscience de l'état illimité de l'esprit nous plonge dans l'ignorance. L'esprit est très actif pendant la journée ou la nuit, mais une dimension de liberté est perdue par le manque d'espace entre les pensées : l'esprit en luimême est clair, mais temporairement enfermé dans certaines limites. Au début, on ne sait même pas qu'on possède ce potentiel. Une fois qu'on l'a découvert, on tente d'en prendre véritablement conscience, mais on se heurte à la difficulté de trouver l'espace permettant une telle prise de conscience, car l'esprit est toujours préoccupé par des pensées : en regardant à l'intérieur, on s'aperçoit qu'un flot incessant de pensées nous bloque continuellement.

Il est très important de retrouver cet espace qui permet de s'ouvrir aux qualités du Bouddha. Pour cela, on utilise la discipline ; et de nouveau apparaît l'image de l'éléphant à dompter. La discipline nous permet d'acquérir la maîtrise de l'esprit, car elle nous apprend à utiliser l'esprit de manière à être conscient de tous les actes que nous entreprenons. La discipline peut être envisagée selon deux aspects. L'aspect ordinaire consiste à imposer des règles à une personne ayant un comportement erroné, l'autre aspect représentant un engagement de conduite personnelle en accord avec nos souhaits. Cette harmonie sert à retrouver l'espace intérieur et à prendre conscience de chaque instant.

Si l'on est physiquement présent, mais que l'esprit n'est pas là, on se trouve dans l'incapacité de contrôler les situations, ce qui représente une entrave pour le développement de l'aspect de sagesse. On doit donc entraîner l'esprit à être là, ici et maintenant, et l'exercer à ne pas vagabonder sans véritable objectif.

Nous éprouvons tous la sensation de posséder une certaine lucidité, tout en partageant le sentiment qu'effectivement existe une dimension plus vaste de compréhension et de connaissance, sentiment qui nous pousse à tenter d'aller plus loin. La méconnaissance des moyens à utiliser pour atteindre ce but conduit à la déception et à la perturbation de l'esprit. La clé du chemin vers la connaissance et la sagesse consiste à retrouver un espace intérieur et à établir l'esprit dans la conscience de soi.

L'exemple d'un étang un peu agité est souvent utilisé. Sous l'influence du mouvement, des particules de boue troublent l'eau et le fond n'est plus visible ; pourtant, même trouble, l'eau possède toujours la qualité de limpidité. Cette qualité de l'eau disparaît temporairement et ne s'exprime plus dans la mesure où sont en suspension beaucoup d'impuretés. Il en va de même pour l'esprit troublé par la confusion. L'esprit a une grande capacité de clarté, mais sous l'influence de l'agitation intérieure, la lucidité ne s'exprime plus. Afin que cette qualité revienne, l'esprit doit être apaisé, tout comme l'eau boueuse doit reposer afin de redevenir limpide.

En retrouvant l'espace et en prenant conscience de soi, on peut s'ouvrir à la dimension de lucidité de l'esprit. Quantité de pensées sont présentes en nous. Nous devons prendre conscience qu'elles ont une dimension de sagesse et une dimension illusoire : des certitudes et des doutes se mélangent tout à la fois dans l'esprit, ce qui ne laisse pas beaucoup de place pour un espace à travers lequel regarder et être à l'aise.

En premier lieu, le Bouddha a enseigné de rechercher l'espace qui permet d'accéder à soi-même et de s'entraîner à percevoir sa propre nature de bouddha. Ainsi se crée une habitude qui peu à peu remplace l'ancienne habitude, dans laquelle nous n'avions pas assez d'espace. Cela ne veut pas dire que nous sommes différents ou que notre comportement est modifié d'une façon radicale, car nous vivons de la même manière. Mais, au lieu de manquer de l'espace, notre capacité de regard et de conscience s'accroît.

Afin de créer cet espace, il est nécessaire d'entraîner l'esprit. Il existe un moyen pour cela : la méditation, fondement de la découverte de soi-même.

Méditer en tibétain se dit *Gom,* qui signifie « très stable ». Cela n'implique pas de créer quelque chose d'artificiel ou de travailler avec son imagination, mais au contraire de s'établir dans un état naturel, où les qualités sont présentes, sans rien changer, en demeurant tel quel. Dans cet état, on ne porte aucun jugement sur ce qui se manifeste ; on demeure simplement présent.

C'est un état naturel, mais très difficile à retrouver, et dans lequel il n'est pas aisé de demeurer, car pensées et concepts s'élèvent sans cesse. Il faut se rendre compte que l'idée qui émerge dans l'esprit est un mouvement naturel de l'esprit ; mais si l'on crée artificiellement cette idée, on s'éloigne de cet état naturel de détente. C'est une chose à laquelle il faut veiller, sans empêcher les pensées d'émerger, car cette émergence n'est pas en soi négative : le tout est de prendre conscience de ce mouvement.

On essaie de s'ouvrir à la nature de son esprit, sans porter de jugement. Quand apparaît une pensée ou dès qu'il y a le moindre changement dans l'esprit, on considère cela comme un mouvement naturel, sans juger : on prend simplement conscience du mécanisme qui se produit. Plus on prend conscience de l'idée et du concept élaboré à partir de l'idée, plus on a conscience de ce mécanisme, et plus on peut aller en profondeur, afin de connaître véritablement tous les mécanismes de l'esprit.

Il existe des méthodes pour retrouver cet espace et prendre conscience de chaque instant que l'on vit, de chaque mouvement et de chaque vague de l'esprit.

Quels que soient les noms donnés aux différents types de méditation, ils permettent d'établir un état de calme, dans lequel l'esprit est parfaitement clair, lucide et apaisé. On s'aperçoit qu'une très forte « énergie » est présente dans cet état, qui diffère de l'état de calme ordinaire. Un état ordinaire de calme et de détente nous conduit plutôt à la torpeur et au sommeil, ou nous emporte dans des rêveries. Là, il s'agit d'un état de calme qui est véritablement le calme de la présence. Ce n'est pas quelque chose que l'on crée, le potentiel est déjà là, et on le retrouve de façon naturelle : on le laisse émerger et on en prend conscience.

Le fait de s'établir dans un état de calme permet également de percevoir l'activité ordinairement relative de l'esprit. Nous nous comportons de façon inappropriée en détournant les qualités présentes en notre esprit. Lorsqu'on médite et qu'on est véritablement ouvert et apaisé, on peut se rendre compte des qualités présentes en nous et de cette énergie dont on parlait précédemment. On voit aussi comment cette énergie est en fait totalement ligotée et transformée par le désir et l'attachement, par l'idée que l'on a de soi-même, par les émotions perturbatrices, par la séparation qu'on établit entre soi et autrui. Lorsqu'on parle de l'orgueil, il ne s'agit pas uniquement de l'orgueil manifeste, mais de quelque chose de beaucoup plus subtil et difficile à percevoir. On peut aussi examiner la jalousie, qui n'est pas nécessairement ce qui se manifeste en tant que jalousie dans notre vocabulaire ordinaire. Là encore, cela peut être beaucoup plus subtil : on parvient à prendre conscience des racines de ce qui peut-être surviendra sous la forme de la jalousie.

Lorsqu'on regarde un arbre, on se dit que c'est un arbre. Lorsqu'on regarde une racine, on n'a pas forcément l'idée de l'arbre dans tous ses détails, et pourtant, c'est de la racine que procède l'arbre. Et si nous regardons notre esprit avec attention, nous y découvrons les racines qui sont la source d'émotions conflictuelles telles que la jalousie.

Il ne faut pas oublier que ces racines sont également source de qualités, car l'énergie de l'esprit qui se manifeste ordinairement sous forme d'émotions conflictuelles possède aussi un aspect de sagesse. L'émotion est ordinairement source de conflit ou de confusion, mais une fois reconnue, elle acquiert une dimension de sagesse. Il est très important d'avoir toujours présente à l'esprit cette double potentialité des choses. Une émotion n'est pas forcément quelque chose de négatif, car elle possède un aspect qui est au-delà de l'émotion ordinaire : c'est l'aspect de sagesse. Lorsque l'esprit est clair, il n'est plus nécessaire de passer son temps ainsi à tout examiner, car les choses deviennent évidentes.

Pour pratiquer la méditation, l'esprit doit être libre de toute attente. Il ne faut pas vouloir méditer pour obtenir telle ou telle chose. Trop souvent, lorsque nous entreprenons quelque chose, nous en attendons un résultat ; or, le simple fait d'attendre ce résultat alimente encore davantage le flot des pensées.

Dans la méditation, il s'agit de s'établir dans un état naturel sans attendre quoi que ce soit. Il ne faut pas non plus qu'il y ait des doutes quant à ce que l'on entreprend. Ne pas avoir de doutes signifie ne pas porter de jugement sur ce que l'on fait - ne pas chercher à savoir si l'on est en train de bien faire ou de mal faire... - et demeurer dans un état entièrement naturel. Dès lors, l'esprit s'apaise et s'éclaircit de lui-même, sans qu'il n'y ait rien à faire.

Nous avons des idées sur tout, même sur la méditation. Si tel est le cas, nous risquons de tomber dans l'extrême qui consiste à porter un jugement ; à vouloir corriger un état naturel, nous créons quelque chose d'artificiel. La méditation doit naître naturellement sans que nous portions de jugement, sans que nous attendions quoi que ce soit. Tout doit être accepté, tout doit être équilibré ; on demeure parfaitement équanime vis-à-vis de tout ce qui se passe, de ce qui se manifeste dans l'esprit. Tel est ce qu'on nomme Gom en tibétain, ou méditation.

Il ne faut pas non plus se figer ou se bloquer sur quoi que ce soit. Si l'on attache un chien à un poteau, infailliblement le chien voudra s'en aller, car il est attaché. Si l'on force l'esprit à demeurer stable, en le ligotant et en le maintenant à toute force dans cet état de stabilité, il voudra partir à droite et à gauche, ce qui créera des tensions. Si, par contre, on n'oblige pas le chien ou l'esprit à rester là, aucun problème ne se pose : l'esprit n'a plus tendance à fuir quelque chose qu'on veut lui imposer. Tout se passe de façon détendue, et l'esprit s'établit dans son état naturel sans aucune tension. Il faut donc être très attentif à ne pas s'enfermer dans des contraintes. Au niveau du corps, de la parole et de l'esprit, tout doit se faire dans une très grande détente.

> On médite en prenant le souffle comme support. La respiration reste naturelle, mais se situe plus en profondeur. Le corps est complètement détendu, tout comme l'esprit. Pour éviter les tensions au niveau de l'esprit, il faut être attentif à ce qui se déroule au niveau du corps, car les deux sont très liés. On reste simplement présent au souffle qui sort et entre en soi. On pose son esprit sur ce souffle, de façon détendue et non figée.

On pense souvent que la concentration est comme une action, source de tension et de stress. Si l'on est trop concentré, même au niveau de la respiration, tout est figé et solidifié. On essaie de retrouver un état plus large, avec beaucoup plus d'espace, où tout s'établit de façon naturelle et profonde. L'esprit se pose sur ce mouvement de la respiration. Nous nous ouvrons à un état de lucidité et de clarté, et prenons conscience de tout ce qu'il y a, tout en restant présents à la respiration, sans nous laisser emporter à droite et à gauche, et en veillant également à ce que cette détente ne soit pas confondue avec de la torpeur. Lorsqu'on se détend, et qu'il n'y a pas la dimension de lucidité, on risque de sombrer dans le sommeil et la torpeur, et ceci n'est pas la méditation, telle qu'on l'entend ici. Il faut aussi être attentif à ne pas avoir l'esprit embrouillé par toutes sortes de pensées qui ne feront que l'obscurcir. On ne laisse pas non plus l'esprit vagabonder et suivre les pensées, ou s'enfoncer dans la rêverie, car là encore, il ne s'agit pas de la méditation permettant de retrouver l'espace de notre nature, mais bien plutôt d'un songe illusoire.

*

* *

En tibétain, Bouddha se dit *Sangyé*. Ces deux syllabes ont un sens précis. La syllabe *Sang* signifie qu'il n'y a pas d'obscurcissement, que tout est parfaitement clair, qu'on est purifié de l'ignorance. *Gyé* signifie que sont parachevées les qualités de sagesse et de connaissance.

Tous les êtres ont cette nature de bouddha ; il convient donc de la laisser s'épanouir pour qu'émergent les qualités inhérentes à l'esprit. Pour cela, il est bien de suivre un chemin, que l'on nomme le Dharma. C'est la voie qui nous conduit à cet épanouissement. Elle se trouve dans tous les actes de la vie quotidienne, dans toutes les attitudes de l'esprit, dans la compréhension que l'on a de ce qui se passe en nous et autour de nous. Cette compréhension peut être développée à des niveaux différents, mais si l'on souhaite aller très avant dans cette découverte, on se tourne vers la méditation. C'est par la méditation qu'on s'ouvre de façon intime et profonde à ces qualités et à cette nature de bouddha.

Beaucoup d'enseignements font référence au « précieux corps humain ». Il s'agit d'un état doté de nombreuses possibilités, et d'une grande capacité de progrès dans la compréhension des qualités de l'esprit. La précieuse existence humaine nous permet de progresser, pour peu que nous tournions notre esprit vers l'Éveil. Dans cette démarche d'évolution, il y a deux niveaux : un niveau absolu ou ultime, et un niveau plus relatif. Au niveau absolu, le précieux corps humain nous donne la possibilité d'accéder à la véritable réalisation de la nature de notre esprit. À un niveau plus relatif, cette découverte intérieure nous permet d'agir pour le bien d'autrui.

Avec une compréhension vaste et lucide de ce qui se manifeste dans notre esprit, nous sommes à même d'agir pour le bienfait de tous les êtres autour de nous.

On ne peut pas garder ce type de connaissance pour soi ; il faut au contraire l'utiliser au profit de tous. Pour ce faire, il faut générer encore et encore la bodhicitta. On accède ainsi à un état de connaissance de plus en plus large et profond, qui nous permet d'agir pour le bien de tous les êtres. C'est pour cette raison que l'existence humaine est très précieuse, car, d'ores et déjà, nous possédons la capacité et les moyens d'agir de façon tout à fait positive. Et pour peu qu'on se souvienne de ces qualités et de la bodhicitta, la compassion, on agit même sans se préoccuper de soi-même, allant toujours plus avant de manière à être bénéfique pour soi et pour tous les êtres sans exception.

Générer la bodhicitta aux niveaux absolu et relatif peut être envisagé de façon très générale, dans l'attitude ou dans l'action, mais il faut aussi aller dans le détail et voir que tout ce qu'on fait permet d'entraîner l'esprit à la bodhicitta quelles que soient les circonstances dans lesquelles l'action est entreprise. On entraîne l'esprit à développer une motivation correcte, pour lui-même mais aussi pour le résultat qui découle de cette action, qui doit être en harmonie avec notre esprit et avec la situation qui nous entoure. Il n'est pas question de distinguer tel ou tel moment ou tel ou tel type d'action : on peut développer la bodhicitta vis-à-vis de sa famille, dans son travail, au cours d'une activité domestique. Quelle que soit l'action, elle représente une occasion de développer la bodhicitta, d'être conscient de notre attitude.

Lorsque nous entreprenons une action, qu'est-ce qui nous anime ? qu'est-ce qui nous motive ? que sommes-nous en train de faire ? quel résultat découlera de cette action ? Cette prise de conscience de toutes les phases d'une activité doit nous permettre d'accéder à des actions justes, non teintées ni souillées d'impuretés, mais au contraire parfaitement pures. Cela doit être quelque chose de régulier, de tous les instants, de parfaitement illimité.

Lorsqu'on s'engage dans une pratique, c'est avec l'intention de développer une démarche spirituelle et d'approfondir la connaissance de l'esprit. Cette démarche doit inclure tous les êtres. Notre motivation première doit être d'aider tous les êtres à se libérer de la souffrance, afin qu'ils s'ouvrent à un état de paix et de joie. Dans le bouddhisme, on parle de se libérer du samsara. Samsara veut dire le cycle des existences ; il s'apparente à un cercle dans lequel nous tournons sans fin. Nous sommes « enfermés » dans ce cercle à cause de notre ignorance, et puisque nous ne sommes pas conscients des actes que nous entreprenons, ceux-ci entraînent des résultats qui sont le fruit de l'ignorance. Il existe une loi, la loi du karma, suivant laquelle tout acte entraîne un résultat. Et si nous agissons sous l'emprise de l'ignorance, il est évident que le fruit de notre action est aussi sous l'emprise de l'ignorance ; ce n'est donc pas quelque chose de positif, tendant à nous libérer.

Puisque nous sommes ainsi en train d'errer dans le samsara, il faut tenter d'en sortir et de progresser, il faut apprendre à voir les conditions dans lesquelles nous sommes placés. Le cycle des existences ne doit pas être perçu comme étant complètement mauvais et empli de souffrances. C'est un état dans lequel existent souffrance et joie, mais on y est enfermé et en état de dépendance. Pour s'en affranchir, il faut comprendre la nature du samsara, et regarder quelles sont véritablement les difficultés et les circonstances, quelles sont les causes qui provoquent la souffrance, quelles sont les conditions dans lesquelles se trouvent tous les êtres qui errent dans ce cycle. Lorsqu'on s'engage sur un chemin spirituel, la motivation première est la volonté de contribuer à ce que tous les êtres se libèrent de ce cycle de l'ignorance et de la souffrance. On qualifie également le samsara d'océan de souffrance sur lequel on est ballotté. Vouloir aider les êtres à s'en libérer signifie vouloir les aider à rejoindre une Terre Pure qui servira de havre de paix.

Il ne faut pas faire une distinction trop définitive entre le samsara et le nirvana, ni penser que le samsara ne serait que souffrance, alors que d'un autre côté existerait le nirvana qui ne serait que joie. Le samsara est un état dans lequel il est possible d'accéder à la joie et à un certain bonheur, mais ceux-ci sont temporairement voilés. Il ne faut pas croire non plus que le samsara et le nirvana sont des mondes qui existent quelque part à l'extérieur de nous.

L'état de bonheur ultime et l'état du cycle des existences correspondent simplement à notre état d'esprit ; ce ne sont pas des mondes extérieurs.

Il faut aussi bien comprendre ce qu'est le karma. Il s'agit d'une loi infaillible correspondant au fait que chaque action entraîne une conséquence. Le karma ne doit pas être regardé comme une sorte de jugement rendu par quelqu'un d'extérieur, qui considérerait que, puisque nous avons fait ceci, nous méritons cela. Ce n'est pas du tout ainsi que cela se passe ; c'est quelque chose de beaucoup plus naturel. Tout acte entraîne naturellement un résultat, mais celui-ci ne doit pas être compris comme étant figé ou définitif. En effet, il est toujours possible d'évoluer en changeant la direction que nous prenons et par là même le sens de notre vie.

On est tenté de se dire : « Je m'engage dans cette voie et je fais ceci, parce que c'est mon karma ». Ce faisant, on se fige dans une situation. C'est une conclusion erronée, car, à chaque instant, nous possédons la capacité de choisir la possibilité de changer le sens que nous donnons à notre vie. Le karma est effectivement une loi, mais ce n'est en aucun cas un système figé à l'intérieur duquel nous ne pouvons rien faire.

Le cycle des existences est donc entièrement induit par l'ignorance, par le fait que nous ne sommes pas conscients de l'endroit où nous nous trouvons, de ce que nous faisons, de qui nous sommes, etc. Il est important de s'interroger sur la source de cette absence de conscience. On se rend très vite compte que la racine de l'ignorance provient du fait que nous sommes attachés à l'idée d'un moi ; c'est ce qu'on nomme la saisie égocentrique. Celle-ci est véritablement l'origine de tous les problèmes. Croire à une identité qui existerait indépendamment de tout autre chose conduit à s'accrocher à deux idées : l'idée de moi et l'idée de l'autre. De là découle tout un système dont est issu le samsara, et dans lequel nous nous trouvons enfermés ; l'absence de conscience ou ignorance entraîne *timouk* ; nous avons une certaine compréhension et une conscience des choses, mais très légères et grossières, difficiles à intégrer et à utiliser. À partir du moment où l'on n'a pas véritablement conscience des choses, on est sous l'influence de l'attachement et du rejet : on est attiré par certaines choses et on en rejette d'autres. Attachement signifie : aimer certaines choses, certains amis, certains lieux. Nous créons aussi un territoire mental, dans lequel nous sommes enfermés. Le samsara est le fruit de tout cela. Nous avons créé des mondes, dans lesquels nous sommes soumis à de nombreuses tensions et souffrances. Il est très important d'avoir conscience de la cause de samsara, de repérer la source de l'ignorance, car c'est ainsi que nous pouvons véritablement progresser.

Timouk signifie que l'obscurité règne dans notre esprit : tout en étant capables de percevoir un certain nombre de choses, nous ne sommes pas à même de nous en servir. Il faut donc éclaircir cela et, pour ce faire, il est bon de développer la bodhicitta ou esprit altruiste. Le fait de se tourner non plus constamment vers nous-mêmes mais vers les autres nous fait prendre conscience des conditions dans lesquelles se trouvent les êtres.

Quand on essaie de développer cette pensée altruiste dans l'action, peu à peu, la notion de « moi et l'autre » diminue. La distance entre moi et l'autre va constamment en s'amenuisant, car prenant conscience des conditions dans lesquelles nous nous trouvons et de celles dans lesquelles se trouvent les autres êtres, nous nous rendons compte qu'elles sont similaires ; reconnaissant nos besoins, nous nous apercevons que les personnes qui sont en face de nous ont exactement les mêmes. Nous comprenons que nous sommes tous semblables. Peu à peu, la dualité diminue et timouk, l'obscurcissement, se dissipe ; on comprend mieux ce qu'il convient de développer et ce qu'il convient d'abandonner.

Nous vivons avec la pensée que les problèmes viennent de l'extérieur : nous pensons que les tensions qui apparaissent et les désirs qui se manifestent sont provoqués par l'extérieur. Nous nous disons finalement qu'en changeant d'endroit, nous nous sentirons beaucoup plus libres et que les problèmes disparaîtront. Malheureusement, cela ne se passe pas ainsi, et partout où nous allons, nous nous retrouvons plongés dans les mêmes circonstances et les mêmes états d'esprit. Il faut bien constater que tout provient de l'intérieur : nous créons nous-mêmes les situations et les états d'esprit dans lesquels nous sommes plongés. Du fait que nous sommes perpétuellement préoccupés par nous-mêmes, nous projetons toutes les causes vers l'extérieur sans nous apercevoir que notre esprit est à l'origine de toute chose.

Dans les enseignements, il est fréquemment fait mention de la nécessité d'aller plus avant dans l'observation des choses et d'écouter de manière ouverte. Nous avons l'impression de tout savoir, mais nous ne sommes pas vraiment attentifs à l'écoute ou au regard que nous portons sur les choses et nous restons à un niveau de compréhension superficiel. Si l'on écoute et regarde véritablement, on se rend compte que la cause de certaines perturbations, des tensions, des désirs est en nous-mêmes et non à l'extérieur. On comprend alors que, puisque tout provient de notre état d'esprit, le samsara et le nirvana ne dépendent que de l'esprit et ne sont pas des mondes extérieurs. Il faut savoir que tout ce que l'on voit, tout ce que l'on ressent, tout ce qui nous anime dépend uniquement de notre état de conscience.

Cette nécessité d'une démarche visant à approfondir l'écoute nous fait revenir tout naturellement à la méditation, puisque méditer permet d'être plus présent à tout ce qui s'élève à l'intérieur de l'esprit. La méditation est une démarche indispensable, afin de véritablement voir la nature de tout cela. Si l'on perd une petite pierre précieuse au milieu d'un nuage de poussière, le meilleur moyen de la retrouver est d'attendre que la tempête s'apaise et de laisser la poussière retomber ; on a ensuite quelque chance de retrouver la pierre. Il en va exactement de même pour l'esprit. Si jamais nous sommes dans la confusion, très agités, passant notre temps à parler, si nous sommes ballottés à droite et à gauche, nous ne pouvons pas percevoir les choses. Il faut créer un espace, il faut laisser s'installer le calme et la détente, afin que s'établisse une certaine clarté nous permettant d'être véritablement présents à ce qui s'élève dans notre esprit. Lorsqu'on parle d'un espace, on parle d'un lieu de méditation qui peut être calme, mais on parle aussi d'un espace à l'intérieur même de l'esprit : il s'agit de créer un espace intérieur pour que s'établissent la détente et le calme. Calme ne signifie pas « absence d'activité », mais « être disponible, afin que toute activité coule dans la détente ». Une fois qu'on est établi dans cet état, la vigilance se fait jour et la lucidité apparaît ; dès lors, on est beaucoup plus présent à tout ce qui se manifeste.

17
L'enseignement de Lama Jigme Rinpoche sur la conduite éthique

Dans la prière du refuge, on parle du Bouddha, du Dharma et de la sangha. La sangha est là pour aider les êtres à développer un regard et une écoute toujours plus attentifs. La sangha, ou communauté, comporte différents niveaux. Au plus élevé se trouvent les grands bodhisattvas ; viennent ensuite la communauté monastique, puis l'ensemble des pratiquants. La notion de sangha est importante, car rencontrer des amis spirituels à même de nous guider sur le chemin du Dharma fait partie des circonstances temporaires qui nous permettent d'aller vers l'Éveil et d'accéder à la réalisation de notre nature de bouddha. La sangha représente l'exemple et manifeste toutes les qualités des bouddhas. Elle est donc l'influence positive qui nous aide à contrebalancer et à transformer les « trois poisons » principaux qui sont source de tension et de souffrance. Il ne s'agit pas de rejeter les « poisons », ou de porter un jugement tel que « ceci est bon » ou « cela est mal » ; il s'agit de comprendre et de transformer. L'activité que nous développons avec la sangha nous aide à prendre conscience de tous nos actes et à voir la nature des « poisons ». En effet, ceux-ci ont un aspect qui est source de confusion, mais ils représentent également des qualités potentielles.

Les « trois poisons » sont : le désir, la colère et l'ignorance. Ils sont la source de toutes les perturbations qui s'élèvent dans l'esprit. Grâce à la sangha, on prend conscience de leur présence, on voit quelle est leur action et ce vers quoi ils nous emportent, et on réalise également leur aspect positif. En effet, les deux aspects sont toujours présents : l'aspect de confusion et l'aspect de sagesse. C'est donc l'influence des amis spirituels qui nous permet de comprendre ce qu'est une action correcte, ce qu'est une parole juste, ce qu'est une pensée pure.

Cinq qualités découlent du fait de côtoyer la sangha. Sangha ici fait référence à toutes les personnes qui sont autour de nous. Cela peut être très large. La sangha peut aller des amis spirituels, en passant par les personnes avec lesquelles nous sommes associés, et s'étendre à tous les êtres humains, puis à tous les êtres sans exception, et recouvrir en fait tous les êtres dont nous recevons une influence.

Ces cinq qualités sont :

– l'écoute : le fait de recevoir des enseignements et des instructions ;

– la réflexion : une fois qu'on a entendu des enseignements, on réfléchit sur leur sens ;

– la méditation ou la mise en pratique de ces enseignements après l'étape de réflexion. La méditation permet à l'esprit de se stabiliser et, une fois cette stabilité acquise, les qualités propres à l'esprit se révèlent naturellement. Elle permet également une compréhension très large du résultat des actions que nous entreprenons ;

– l'amour et la compassion sont les quatrième et cinquième qualités. C'est par la fréquentation de la sangha qu'on arrive à véritablement développer l'amour et la compassion. Si l'on porte un regard très pointu sur les circonstances et les conditions dans lesquelles se trouvent les êtres, une grande compassion se développe tout naturellement.

Nous allons expliquer un peu plus ce qu'est le samsara, car c'est une notion très importante qu'il faut bien comprendre. On a trop souvent tendance à croire que le samsara est tout négatif et qu'il n'y a rien d'intéressant dedans. En fait, le samsara n'est ni positif ni négatif, car tout y est finalement possible. Le samsara est un cercle dans lequel nous tournons, et puisque nous sommes dans la confusion, nous restons à un niveau de non-compréhension, à un niveau complètement relatif et apparent des phénomènes. Nous sommes actuellement dans une vie humaine, ce qui signifie que nous sommes dans un univers et un état d'esprit correspondant au stade de l'être humain. Tout cela, bien sûr, est voué au changement. Toutes les situations sont temporaires et sont des productions de notre esprit. Pour l'instant, du fait que nous sommes des êtres humains, nous sommes en quelque sorte liés à des concepts d'être humain. Une fois que cette vie sera achevée, on engendrera une autre vie qui portera un autre nom, et qui se déroulera peut-être dans un contexte différent. Mais il s'agira toujours du même processus : celui de la naissance, de la vieillesse et de la mort. C'est cela qu'on appelle le cycle des existences.

Il y a deux niveaux de perception et de compréhension, deux niveaux d'approche de la réalité : le niveau relatif et le niveau ultime. Au niveau relatif où nous sommes, nous percevons les choses comme ayant un certain degré de réalité, comme vraies. À un niveau plus absolu, nous percevrions ces mêmes choses comme complètement illusoires. Le samsara est donc l'état de notre esprit, il représente les concepts que nous élaborons par rapport à l'univers et qui sont liés à l'état humain.

Cette conception, qui nous fait nous situer quelque part dans un état humain par rapport à l'univers, est reliée à *marikpa,* ou l'ignorance, c'est-à-dire au fait de ne pas avoir un esprit suffisamment clair et lucide. Puisque nous sommes dans ce brouillard qu'est marikpa, nous sommes bercés d'illusions. Cela ne signifie pas que nous sommes complètement stupides, mais que nous n'avons pas conscience de l'aspect illusoire des choses.

Pour l'instant, nous sommes des êtres humains et nous vivons dans cette dimension illusoire d'être humain. Nous avons les qualités, la connaissance et les concepts des êtres humains. Tout cela est une illusion, celle d'être humain. Dans le samsara, il y a six différents types d'existence dans lesquels peuvent s'incarner les êtres, chaque monde possédant ses concepts, ses modes de fonctionnement, ses qualités… Quand un être se trouve dans l'un d'eux, il est dans l'illusion correspondant à ce type d'existence ; il y est en quelque sorte enfermé, jusqu'à ce qu'il perçoive un sens plus profond de la réalité des choses. Il s'ouvre alors à un état d'esprit beaucoup plus large, et peut-être au nirvana. Le nirvana est un état d'esprit dans lequel on est passé au-delà des concepts liés à ces types d'existence : on reconnaît le caractère illusoire de tous ces états, de tous ces modes de fonctionnement, de toutes ces connaissances relatives. Le nirvana représente l'aspect de sagesse qui se manifeste et s'épanouit complètement. Cela ne signifie pas qu'on est séparé de ces états d'existence ; on est toujours lié à ces états, mais on en reconnaît le caractère temporaire et illusoire. Il s'agit donc d'un état d'esprit plus vaste, dans lequel se manifeste une compréhension approfondie du cycle des existences ; on comprend mieux quel est ce cercle à l'intérieur duquel nous nous trouvons, et grâce à cette sagesse, on perçoit de façon plus large les relations qui existent entre les vies successives.

Dans la mesure où l'esprit s'apaise dans la méditation, il se crée un espace, une lucidité, qui nous permet de voir véritablement ce qui nous anime, de voir quels sont le potentiel et les qualités de l'esprit. On les expérimente. Ce n'est pas une expérience bizarre dans laquelle se produisent des visions ; l'expérience est une compréhension directe et immédiate, intime, des qualités de sagesse. Pratiquer la méditation nous aide aussi à comprendre le samsara et les conditions dans lesquelles nous nous trouvons. Nous comprenons d'où proviennent ces conditions, car nous tournons notre esprit vers la loi du karma ou loi de l'action et du résultat infaillible - *lé dré lé* en tibétain.

Il résulte un fruit pour chaque action entreprise. C'est comme de semer une graine qui germera. Dans les conditions où nous nous trouvons, qui sont elles-mêmes les résultats d'actes passés, nous sommes complètement liés à cette loi infaillible. Et l'action qu'on entreprend maintenant entraîne également un résultat qui se manifestera dans le futur. Cette loi du karma est associée à l'aspect de sagesse et à l'ignorance. Si l'on agit en connaissance de cause, c'est l'aspect de sagesse qui se manifeste ; mais, bien souvent, nous agissons dans un état d'ignorance.

Il est facile d'observer cela, de repérer quel est le comportement correct et quelle manière d'agir nous fera aller dans le sens du progrès.

Le samsara est donc un cercle à l'intérieur duquel nous errons. Ce cercle provient du fruit de nos actions, et il est différent pour chaque personne. Par exemple, nous sommes des êtres humains, mais la vie de chacun d'entre nous est différente. Les perceptions et les circonstances diffèrent pour chacun, car le karma de chaque individu diffère. L'enseignement du Bouddha conseille de porter l'attention vers cette compréhension du karma et d'accroître tout ce qui est correct, tout ce qui va dans le sens véritable de l'épanouissement des qualités de bouddha. Il faut tout particulièrement développer les actions correctes ; on entend par là toutes les actions qui ont un fruit positif. Il y a en effet deux types d'actions, que l'on appelle *dikpa* et *guéoua* en tibétain : celles dont le germe mûrit en produisant des actions nuisibles envers tous les êtres, et celles qui produisent un fruit bénéfique pour tous les êtres et pour nous-mêmes.

Ces trois mots : *karma, dikpa* ou action nuisible, et *guéoua* ou action vertueuse sont des termes généraux. Il faut voir ensuite les choses plus en détail et comprendre qu'on adopte très facilement certains types de comportements, alors que d'autres sont plus difficiles à suivre. Cela dépend des circonstances.

L'important est la prise de conscience de soi, des actions qu'on entreprend et de l'attitude de l'esprit. Les actions ne se situent pas seulement au niveau du corps. Ce sont également les paroles et les pensées. Ces trois types d'activités sont des actions dirigées de soi vers autrui ; il faut donc avoir présentes à l'esprit cette loi du karma et la notion d'acte bénéfique ou négatif. Pour cela, on développe la compréhension des conditions de ces actions, *tsultrim* en tibétain. On acquiert la compréhension de ce qui est véritablement nuisible ou néfaste et de ce qui est véritablement positif ou bénéfique. On traduit généralement tsultrim par « éthique » ou par « discipline ». Mais, ces termes sont trop restrictifs. Tsultrim est une notion beaucoup plus large. Il ne s'agit pas simplement d'appliquer des règles, mais de comprendre en profondeur et donc d'accepter de s'engager dans ce qui est bénéfique et de se détourner de ce qui est négatif.

Tsultrim est une prise de conscience très large de l'action entreprise et de ce qui nous anime lorsqu'on agit. Il faut se souvenir des trois poisons - le désir, la colère et l'ignorance - présents dans l'esprit, qui nous poussent à réagir suivant les circonstances. Si on ne développe pas tsultrim, on risque d'être emporté par des actions dont le résultat sera pénible pour tout le monde. Il faut donc essayer de développer tsultrim, sans pour autant la figer dans des règles de discipline, mais en l'élargissant à une compréhension et à une acceptation.

Prenons l'action de tuer. Il est dit que tuer est un acte à proscrire, mais il faut savoir ce qui anime celui qui entreprend un tel acte. On peut tuer par désir, on peut tuer par colère, on peut tuer par ignorance. Il est très important de déterminer l'impulsion première. On peut tuer sans savoir que c'est mal de le faire : on tue alors par ignorance. On ne se met pas à la place de l'autre, car on est centré sur son propre point de vue, et on tue en se disant que cela n'a pas vraiment une grande importance. Certaines personnes, par exemple, prennent un grand plaisir à chasser. Ils n'éprouvent pas de haine ou de désir vis-à-vis des animaux qu'ils tuent, mais ils n'ont pas conscience de la loi du karma et ne savent pas qu'ils commettent une action nuisible qui engendrera des conditions adverses. On peut aussi tuer par colère ou par haine. Quand quelqu'un nous dérange, il arrive qu'on développe une forte colère et qu'on réagisse en supprimant l'obstacle qui se place devant nous, en l'occurrence en tuant. On peut enfin agir sous l'influence du désir : on a besoin ou envie de se procurer quelque chose, et on tue son propriétaire pour satisfaire ce besoin ou cette envie.

Il importe d'avoir conscience de ces trois poisons, parce qu'ils sont à l'origine de toutes les perturbations et de toutes les actions qu'on entreprend sous l'influence des émotions. Quelles que soient les actions entreprises, il ne s'agit pas de dire : « À partir de maintenant, c'est terminé ! » et d'arrêter comme cela. Il est beaucoup plus important de comprendre et d'avoir conscience de ce qui se passe pour effectivement transformer les actions, les stopper ou les accroître.

Les actions se situent à trois niveaux : le corps, la parole et l'esprit. Elles sont toutes aussi importantes les unes que les autres. On peut évidemment développer une action jusqu'au bout, c'est-à-dire qu'une pensée se traduit vers l'extérieur par l'intermédiaire de la parole et du corps. Mais, il faut savoir que la simple action de la pensée est importante.

On peut penser à quelque chose et en rester au niveau de l'esprit. S'il s'agit d'une pensée entachée de l'un des trois poisons, ce n'est pas bon, car il en restera des traces : il existe une certaine portée de l'action au niveau de l'esprit, et même si l'on ne va pas jusqu'aux actes, il y a quand même nuisance, ne serait-ce que pour nous-mêmes et pour notre esprit. On peut aussi créer beaucoup de causes par l'intermédiaire de la parole ; il faut donc être vigilant quant à son emploi. Et au niveau du corps, quand on agit, des résultats très divers peuvent survenir selon la motivation première.

Tsultrim est fondamentale. Il est nécessaire d'avoir conscience de ce qui se passe à tous les niveaux – esprit, parole et corps – et de réaliser dans quelles conditions nous nous trouvons, dans quelles conditions se trouvent les personnes qui sont en face de nous et quel résultat entraîne chacune de nos actions. Grâce à une telle prise de conscience, on agit en connaissance de cause et on peut dès lors dire qu'on a vraiment développé tsultrim, la conduite éthique.

Le Bouddha a donné nombre d'enseignements sur les comportements corrects à adopter, ainsi que sur la loi du karma. Il faut ensuite voir comment nous pouvons nous en servir. C'est en effet à nous de savoir à quel niveau nous nous situons, quelles sont nos capacités, comment nous nous comportons, dans quel sens nous pouvons aller, enfin, de voir la situation générale dans laquelle nous nous trouvons. Dès lors, nous n'aurons pas d'idée préconçue sur ce qu'est un comportement correct et ne risquerons pas de devenir fanatiques ; au contraire, nous relativiserons les choses en nous rendant compte de ce que nous sommes capables de faire. Même si l'on n'aime pas accomplir telle ou telle action, on s'aperçoit que, de par les circonstances et la condition dans lesquelles on se trouve, on est poussé à agir de telle ou telle manière. On se rend compte également qu'on a souvent tendance à agir dans tel ou tel sens sans vraiment savoir pourquoi ni comment. C'est donc un processus individuel, une compréhension intime et particulière qu'il faut développer à la lumière des enseignements du Bouddha, afin de reconnaître les comportements qui nous sont bénéfiques et ceux qu'il faut modifier. La motivation première est évidemment d'agir pour le mieux, mais chacun se situe à un niveau différent, avec des circonstances et des comportements différents.

> Agir pour le mieux revient à dire qu'on essaie d'accroître et de développer toutes les actions positives et d'abandonner tous les actes qui sont nuisibles non seulement pour les êtres autour de nous, mais aussi pour nous-mêmes.

Considérons à nouveau la sangha. Le sens de notre vie est souvent influencé par ceux qui nous entourent. Du fait de notre état d'ignorance, nous ne savons pas toujours quelles sont les actions vertueuses vers lesquelles il faut tendre ni quel sens donner à notre vie. Si nous avions dépassé ce stade d'ignorance, nous aurions l'esprit très clair et saurions toujours quelle est l'action correcte. Comme ce n'est pas le cas, nous nous laissons influencer par les personnes qui nous entourent et, si leur avis nous semble bon, nous sommes tentés d'aller dans cette direction. C'est pourquoi il est très important de s'en remettre à l'influence d'une sangha possédant de vraies qualités positives et reliée à tsultrim.

Il y a quatre ans, raconte Lama Jigme Rinpoche, une personne l'a accompagné à l'aéroport de New York. Quelques instants après son embarquement, elle le rejoint pour lui dire au revoir. Devant son étonnement de la voir arriver dans l'avion sans billet, elle lui répond : « J'ai utilisé un moyen très simple. Je me suis présenté au service d'immigration en exigeant le passage ; on m'a demandé pourquoi, et j'ai alors expliqué que je devais m'occuper de certaines personnes qui allaient prendre l'avion. La personne du service d'immigration a refusé, tout simplement parce que c'était interdit. Je lui ai répondu que c'était très ennuyeux car ces personnes étaient célèbres, et qu'on ne pouvait pas me laisser ainsi. L'officier me demanda qui étaient ces gens. Je lui dis : "Comment ! Vous ne lisez donc pas les journaux ? Ils parlent tous de leur venue !"... et cet homme, de peur de paraître stupide, m'a laissé passer. » Lama Jigmé Rinpoche précise qu'il n'a pas du tout fait la une des journaux ! Cette personne avait trouvé un moyen habile pour obtenir ce qu'elle voulait, mais un moyen basé sur la tromperie et utilisant la naïveté de son interlocuteur. En analysant cette situation, on se dit d'abord que cette personne est quelqu'un d'assez génial, et on aurait tendance à souhaiter être comme elle. C'est là où il faut être très vigilant, et avoir présent à l'esprit cette notion de tsultrim.

Détaillons maintenant cette histoire, on voit qu'il s'agit d'une tromperie associée au mensonge et à l'exploitation de la naïveté des autres. Ce n'est donc pas une action correcte. Il faut développer tsultrim, la vision de ce qui est juste et de ce qui ne l'est pas, sinon nous risquons de nous laisser fasciner par des actions qui, au premier regard, semblent très astucieuses, alors qu'elles sont sous l'influence d'un poison, en l'occurrence ici l'utilisation des autres. A priori, ce n'est pas très grave, mais cela laisse des empreintes dans l'esprit, qui deviennent de plus en plus profondes et ne sont pas tournées vers le respect et le bienfait d'autrui.

Le développement de l'amour et de la compassion permet de comprendre vraiment ce qu'est tsultrim et pourquoi il est nécessaire de rencontrer une sangha qui possède des qualités véritables. Sans l'amour et la compassion, on ne développe pas une attention et une vigilance suffisantes pour être certain de se comporter à chaque instant de façon correcte.

Sans l'amour et la compassion, on est obnubilé par soi-même, et lorsqu'on voit que quelque chose nous est profitable et nous fait plaisir, on ne se pose pas trop de questions et on persévère dans ce sens. L'amour n'est pas le fruit d'un désir et ne se limite pas à une ou deux personnes ou à un environnement quelconque. L'amour est un sentiment beaucoup plus large, qui s'étend à tous les êtres sans exception.

Quand on voit un chien, on le trouve peut-être gentil, mais on n'éprouve pas forcément pour lui ce sentiment profond qu'est l'amour véritable. Celui-ci ne s'élève qu'à partir du moment où l'on est conscient des conditions dans lesquelles se trouve le chien, de ses nécessités, et du contexte où il vit. Quand on voit un lapin dans un champ, on le trouve sans doute mignon mais, encore une fois, on reste à la surface, et ce n'est pas de l'amour qu'on éprouve, mais simplement un petit regard sympathique en passant, car on ne voit pas les conditions de vie de l'animal.

Nous n'aimons pas trop nous poser des questions désagréables, ni penser aux peurs qui habitent les êtres, comme d'avoir à endurer des conditions difficiles, par exemple le froid... Nous préférons penser à notre environnement douillet et calme. Notre amour est donc limité.

> Pour étendre l'amour et la compassion, il faut regarder les conditions dans lesquelles sont placés les êtres, et leurs besoins ; il faut se mettre à leur place. On s'aperçoit finalement qu'ils ont des conditions de vie difficiles et que leurs sensations et leurs aspirations sont identiques aux nôtres. Un véritable amour et une compassion authentique s'élèvent alors, s'étendant à tous, et l'action qu'on entreprend est dès lors beaucoup plus large.

Sans une telle démarche, on s'enferme dans un amour limité à un territoire connu. Ce n'est pas vraiment de l'amour ; au contraire, cela renforce la distinction entre ce qu'on aime et ce qu'on n'aime pas. On aboutit ainsi à une sorte de jugement sans attitude vraiment équanime.

Il est possible de comprendre ce que sont l'amour ou la compassion et de ne pas être à même de les mettre en pratique. Il y a effectivement des choses qui sont difficiles à faire. C'est l'entraînement de l'esprit qui nous permet de nous développer et d'aller davantage dans le sens de ces qualités : on crée des habitudes, et au fur et à mesure qu'elles s'ancrent dans l'esprit, on devient capable d'agir dans le sens de l'amour et de la compassion. Ces habitudes permettent à l'esprit d'accepter des situations et des types d'actions et de comportements qui, au départ, semblaient éloignés de nous-mêmes ou que nous n'avions pas envie d'accepter.

Lorsqu'on développe cette compréhension et qu'on agit dans le sens de l'amour et de la compassion, on comprend la nécessité et la réalité des rituels de purification. On ne prie pas pour s'établir sur son petit nuage de paix et de sérénité. Le but de la prière est beaucoup plus large ; il s'agit d'apporter un soulagement et un bienfait à tous les êtres. Il est certain qu'on agit parfois de façon erronée, et qu'il est difficile d'éviter que nos comportements aient des conséquences fâcheuses pour autrui. En voiture, par exemple, on écrase et on tue beaucoup d'insectes, ce qui n'est pas vraiment une action altruiste ! Pourtant, on n'y peut rien, il faut bien se déplacer. Si l'on n'a pas les moyens d'éviter ce type d'action, on peut en revanche prendre conscience de cet état de fait, et développer des souhaits pour que l'action entreprise soit la plus légère possible, et que les êtres que nous avons tués aient une renaissance plus facile. Cette prise de conscience est bénéfique et profitable pour les êtres et pour nous-mêmes. Si l'on rencontre un animal qui souffre, on ne peut pas toujours faire quelque chose, mais il est bon de développer une attention, et de former des souhaits pour que cet animal puisse vraiment sortir du cycle de la souffrance et évoluer dans le sens de l'Éveil. C'est pour cette raison qu'existent les rituels de purification, c'est la raison même des *poudjas* : on les effectue afin de pouvoir accomplir des actions et formuler des souhaits plus profitables et plus puissants pour tous les êtres.

En matière de méditation, il existe une posture conseillée. Il ne s'agit pas d'une obligation mais d'une aide, et il ne faut donc pas qu'elle devienne un obstacle. Si l'on n'a pas la possibilité physique de l'adopter, ce n'est pas un problème. Dans la méditation, on essaie de stabiliser l'esprit, or l'esprit a des qualités inhérentes à lui-même, et que l'on soit dans n'importe quelle posture, de toute façon ces qualités sont là. La posture est simplement une méthode qui aide à apaiser l'esprit. Il est bien d'essayer de l'adopter le plus possible, mais cela doit se faire dans la détente, sans que nous soyons obnubilés par la posture idéale.

Avoir une position correcte du corps est d'un grand bienfait pour l'esprit, dans le mesure où corps et esprit sont étroitement liés. Si le corps est centré dans une attitude correcte, cela permet d'avoir un esprit stabilisé et non perturbé.

La posture conseillée en méditation est la suivante : avoir le corps droit, être assis autant que possible en lotus ou les jambes croisées, sinon sur une chaise. L'important est que le corps soit bien droit, car si l'on est tordu, des nœuds se forment dans les canaux d'énergie. Quand les énergies circulent librement dans le corps, il n'y a plus de tensions, et au niveau de l'esprit, il n'y a plus d'obstacles. Lorsque le corps est droit, la circulation des énergies devient aisée, l'esprit s'apaise, et toutes les émotions perturbatrices provenant des difficultés de circulation disparaissent.

Les émotions perturbatrices présentes dans l'esprit conduisent à des comportements incorrects si nous n'y prenons garde. Pour progresser, il importe de connaître la racine des choses et de savoir ce qui nous porte inconsciemment à agir. Il faut reconnaître la présence très forte de la saisie égocentrique, celle de l'orgueil qui se manifeste en toutes sortes de circonstances, ainsi que celle de la jalousie.

> Nous devons nous méfier des petites choses qui nous paraissent futiles, mais qui ont une très grande portée quant au résultat : parfois des circonstances minimes induisent des résultats très rapides et qui font boule de neige.

On doit développer la bodhicitta, et c'est pour cette raison qu'il faut s'entraîner à se tourner vers autrui. De plus, la bodhicitta est un remède à toutes les actions entreprises sous l'influence de l'orgueil et de la jalousie. Orgueil et jalousie sont souvent présents de façon très subtile, sans qu'on en ait conscience. Si l'on n'y prête pas attention, cela peut créer beaucoup d'obstacles, car c'est ce qui va interférer entre l'attitude, la motivation première et l'action. On peut très bien vouloir agir de façon altruiste et, inconsciemment, de façon sournoise, se retrouver sous l'influence de l'orgueil et de la jalousie. Finalement, notre action sera différente de ce qui nous animait au départ. Si l'on parvient à prendre conscience de ce genre de mécanisme, il se produira de moins en moins souvent. On ne se laissera plus emporter facilement. Nos actes seront de moins en moins teintés d'orgueil ou de jalousie. C'est un entraînement progressif de l'esprit. Chaque circonstance nous donne la possibilité de comprendre comment ce mécanisme subtil peut interférer entre une attitude correcte et une action qu'on voudrait vraie.

Ces choses très fines sont difficiles à percevoir. Lorsqu'on reçoit des enseignements, il est facile de détecter les choses grossières et de tenter d'y remédier. Mais ce sont les choses les plus infimes qui risquent à la longue de devenir des obstacles, car on est tenté de se dire qu'elles sont sans importance, et de ne pas chercher à les corriger. Ces petites choses induisent des comportements erronés, qui induisent à leur tour de mauvaises habitudes dont il est difficile de se défaire. De temps en temps, on rencontre des petites choses qu'on n'aime pas et qui font naître en nous l'insatisfaction ou la colère. On tombe alors dans un état de critique : on critique ses voisins, ses proches, ses amis... Un certain plaisir que l'on éprouve à critiquer s'élève. Cette joie devient une habitude qui ne semble pas trop grave ni trop importante. Pourtant, c'est important ! Il faut déceler la racine de ce comportement, la cause de ce petit plaisir à critiquer. On s'aperçoit alors qu'il s'agit d'un jeu très subtil de la jalousie. On critique quelqu'un parce qu'on est jaloux et plutôt que de se l'avouer, en projetant directement de l'aversion et en essayant de nuire à cette personne, on bascule dans une forme d'insatisfaction contrebalancée par un certain plaisir à critiquer. Il est donc très important de voir la racine de tout ce processus, sinon nous versons dans la critique permanente, sans avoir conscience de la jalousie qui se cache derrière, risquant ainsi d'adopter des habitudes négatives qui s'amplifieront et nous paraîtront naturelles. À la fin, nous ne voyons même plus que nous sommes constamment en train de critiquer.

Si on veut développer l'amour et la compassion, il faut veiller à ce qu'ils s'expriment de façon équanime et se déploient vraiment envers tous les êtres, sans qu'il y ait la moindre distinction de niveau ou de type d'êtres. Nous nous montrons souvent condescendants envers ceux que nous considérons comme inférieurs et ne voulons pas tourner notre esprit vers les êtres qui nous sont supérieurs. C'est une attitude incorrecte. Il faut vraiment développer l'amour et la compassion, sans qu'il y ait la moindre trace de jalousie ou d'impureté, c'est-à-dire de façon équanime envers tous.

À regarder tout en détail, ne risque-t-on pas de passer son temps tourné vers soi-même ? En fait, il ne s'agit pas d'être obnubilé par ses propres actions et ses propres pensées. Il y a deux manières d'être conscient. Soit on regarde et on analyse le moindre geste, la moindre pensée, afin de voir s'ils sont en accord avec ce qu'on devrait penser. Cette situation n'est pas confortable, et ce n'est pas le type de comportement souhaité. L'autre manière consiste à se montrer simplement attentif aux pensées et à veiller à ne pas agir de façon insensée.

On regarde le passé pour en tirer des leçons ; cela nous sert d'encouragement. Ainsi, au lieu d'être obnubilés par nous-mêmes, nous devenons conscients et attentifs dans la détente, ce qui nous aide à modifier les empreintes dans l'esprit. Si l'on se rend compte qu'on s'est comporté de façon erronée dans le passé, il n'est pas question de passer sa vie à le regretter, mais d'utiliser cette erreur en la transformant en quelque chose de bénéfique. Cette erreur était due au fait qu'à l'époque nous étions dans une situation où nous n'avions pas conscience des choses, et donc agissions par ignorance, inconscience et insouciance. À partir du moment où nous en prenons conscience, elle devient bénéfique, puisque, forts de cette nouvelle compréhension, nous pouvons modifier notre comportement actuel. Ainsi, plutôt que de traîner derrière soi toutes sortes de regrets, on est heureux de prendre conscience des erreurs commises dans le passé, car on s'en sert comme d'un outil de transformation et de changement. Le souvenir des leçons du passé nous aide à développer une prise de conscience basée sur l'expérience directe. Notre esprit est ainsi plus détendu et, sans se culpabiliser, utilise ses expériences de façon positive, afin de progresser. Beaucoup de choses traînent dans notre esprit, en particulier des idées toutes faites. Si l'esprit est lucide et détendu, s'il se tourne vers le positif sans éprouver de culpabilité à cause des erreurs du passé, l'angoisse, l'amertume et l'insatisfaction permanente se dissolvent.

> Il est bien sûr illusoire de croire qu'on va supprimer tout désir ou se détourner de toute forme d'attachement. L'important est d'accepter qu'ils soient là et de prendre conscience de leur présence. Il en va de même pour la jalousie et l'orgueil. Ces émotions sont présentes en nous de toute façon. La seule chose que nous puissions faire est de réaliser leur présence, car ainsi nous ne nous laissons plus emporter et ne tombons plus aussi facilement sous leur emprise.

Les résultats de nos actions deviennent alors bénéfiques. Les trois émotions - orgueil, jalousie et désir - sont ordinairement présentes dans nos rapports quotidiens, que ce soit en famille ou avec des amis. Ce sont des données très subtiles qui entrent puissamment en ligne de compte dans les rapports parents-enfants ou hommes-femmes… Il y a toujours un profond attachement et des traces de jalousie, et si l'on n'y prend pas garde, les émotions s'accumulent, et de cette accumulation découlent des situations délicates et difficiles à résoudre. Si l'on a conscience des émotions perturbatrices, on peut éviter de se retrouver dans de telles situations. Nous ne sommes plus sous leur emprise directe, et les circonstances deviennent plus harmonieuses ; nous sommes plus ouverts et plus à même d'accepter ce qui auparavant nous heurtait. Et ceci se passe à tous les niveaux, que ce soit dans le contexte familial ou dans un contexte plus large. Cette prise de conscience est source d'harmonie et d'ouverture.

Tout ce qui a été dit sur l'amour et la compassion est facile à comprendre, mais difficile à mettre en pratique, si d'entrée de jeu on veut que cela se passe de façon parfaite. Et constater qu'on n'y arrive pas est peut-être décourageant. Il faut donc procéder par étapes. En toutes circonstances, il faut développer l'attention, et d'abord prendre conscience de ses émotions avant de vouloir s'en libérer ; ainsi, peu à peu, on apprend à modifier son comportement. Une habitude de vigilance se crée et les choses se font plus facilement. C'est un peu comme lorsqu'on apprend à conduire une voiture. Au début, on est très concentré et complètement tendu. Au fur et à mesure que s'installe l'habitude, les choses se simplifient, les difficultés sont surmontées et s'apaisent d'elles-mêmes. Ensuite, on prend sa voiture, et on se met à rouler sans appréhension. Tout ce qui nous semblait insurmontable au départ se met en place par la force de l'habitude. Dans le cas de l'entraînement de l'esprit, c'est exactement la même chose.

Il faut progresser étape par étape, être vigilants quant aux circonstances et aux actes de notre vie, et essayer de développer la prise de conscience de nos actions. Dès lors, naturellement et graduellement, de nouvelles habitudes se constituent.

On s'aperçoit ensuite qu'on agit dans un sens correct. Il ne faut donc pas se décourager, si parfois on n'arrive pas à surmonter tel ou tel obstacle, mais voir que le fait d'en constater la présence et d'en prendre vraiment conscience est le moyen qui permettra de le surmonter. Plutôt que de perdre courage, il faut se souvenir que, peu à peu, à force de modifications très légères, une habitude nouvelle s'installera dans notre esprit. Et c'est grâce à l'habitude, grâce à cette répétition, que l'esprit s'entraîne et peut véritablement progresser.

*

*   *

On termine cet enseignement par la dédicace, et on dédie le fruit qui en résulte à tous les êtres. Ceci a un double sens : nous entraîner à l'esprit d'éveil, et faire décroître l'attachement à l'idée de nous-mêmes. Si nous pensons à toujours offrir à autrui, notre propre attachement diminue. On a trop souvent tendance à garder pour soi le fruit de ce que l'on entreprend, d'où l'attachement à ce que l'on fait. Par exemple, on reçoit un enseignement et on s'attache aux bienfaits de cet enseignement pour soi-même, ce qui a pour effet d'en diminuer la portée nécessaire.

Il y a deux manières d'approcher la dédicace :

- tout offrir à tous les êtres sans aucune exception et sans aucun attachement ;

- ou s'efforcer de comprendre véritablement le sens de ce que l'on a fait et reçu, de prendre conscience du concours de circonstances et de la somme d'opportunités dues à tous les êtres qui nous permettent d'être là. Il en résulte un grand bienfait qu'on désire faire partager à tous ces êtres. Ordinairement, on profite des opportunités sans les partager ; là, on prend conscience de tout ce que cela représente d'être ici, quelles sont les causes de notre présence et grâce à qui on peut être dans ce lieu.

Ces deux aspects sont identiques, et chacun, au moment de la dédicace, tourne son esprit vers l'offrande à autrui, selon la manière qui lui semble la plus proche de lui-même.

> La prière de dédicace est en tibétain, mais cela ne doit pas être un problème pour les personnes qui ne la connaissent pas. L'important est de prendre conscience de ce qui est dit et d'avoir une démarche d'ouverture et d'offrande envers autrui. Cette prière dit que, quelles que soient les pratiques accomplies - écoute, réflexion ou méditation -, toutes ont pour but d'œuvrer dans le sens d'un bienfait pour tous, de permettre l'établissement d'une plus grande harmonie et d'un état de paix.

Nous souhaitons que l'harmonie et la paix procurées par ces enseignements ne soient pas pour nous seuls, mais qu'elles profitent à tous. C'est cela l'idée de base de la prière de la dédicace.

18
Avoir confiance

Civilisation universelle, fondée sur la raison, la science et la technique, de moins en moins rurale, de plus en plus parquée dans des villes sans âme : nous, les hommes et les femmes occidentaux, entrons dans le troisième millénaire au sein de sociétés qui s'essoufflent, en un monde qui ne tourne plus vraiment rond, des temps qui n'ont jamais paru aussi durs. Ces propos, on les entendait déjà chez les anciens ; mots identiques pour exprimer les maux d'autres générations. Aujourd'hui comme hier, les individus parlent toujours de désespérance, de désillusion, de pessimisme... À toutes ces souffrances se sont ajoutés le stress, l'anxiété, la dépression.

Les valeurs traditionnelles ayant tendance à disparaître, le laisser-aller, le laisser-faire ont plongé les êtres dans le doute et le désarroi ; ils s'interrogent sur le véritable sens de leur vie sur terre. S'ils ne trouvent pas de réponse à cette question, ce sont la barbarie, la violence et le chaos qui, sans nul doute, finiront par l'emporter. En revanche, s'il parvient à surpasser les maux du XXe siècle et les interrogations qui en découlent, l'homme trouvera une dimension nouvelle à la mesure de sa destinée cosmique.

Force est de constater qu'un isolationnisme outrancier a brisé nombre de valeurs. Depuis la Seconde Guerre mondiale, et tout au long des décennies qui l'ont suivie, les familles ont implosé. La spiritualité défaillante, rejetée par un grand nombre, n'a pas toujours su suivre l'immense transformation et la libération des mœurs. Avec le manque de transcendance, l'homme n'est que plus vulnérable. Son égoïsme porté au paroxysme conduit à un inévitable repli sur soi.

Chacun voudrait pourtant réussir sa vie, peu sont ceux à y parvenir véritablement. J'ai interrogé là-dessus le Karmapa. Comme toujours, sa réponse fut simple et pleine de sagesse...

Pour les bouddhistes, « réussir sa vie » signifie que nous ayons une conduite d'excellence. Cela signifie ne pas voler, ne pas tuer, mais encore prendre en charge les personnes qui dépendent de nous, nous occuper de nos enfants, de notre compagne, de nos parents avec amour et tendresse.

La conduite d'excellence implique aussi de ne pas proférer des paroles blessantes qui peuvent se montrer plus meurtrières que les armes, de ne pas insulter l'autre, de ne pas mentir, et de ne pas profiter des autres.

Toutes ces choses sont des souffrances que nous ressentirons dans cette vie même. Par exemple, si nous vivons en permanence dans le mensonge, personne ne pourra plus nous faire confiance, et nous vivrons toujours dans la crainte ; de même, si nous avons à l'égard des autres une attitude blessante, ils finiront par nous éviter ; nos proches, qui logiquement sont ceux qui nous pardonneront le plus facilement, finiront par en faire autant ; de même, si nous ne réussissons pas à nous entendre au sein de notre famille, nous serons malheureux.

Lama Jigme Rinpoche, faisant siennes les paroles du Karmapa, ajoute : « Réussir sa vie, ou le mieux-vivre, est lié à une conscience claire : je veux dire par là que nous avons la possibilité de comprendre la nature de nos concepts. Employer le mot "concept", c'est faire référence aux émotions perturbatrices, à notre attitude, à la façon dont nous réagissons face aux autres. C'est à ce type de conscience claire que je fais allusion : elle est précise et nous permet de mieux vivre, elle nous apporte la paix intérieure. Je ne parle pas pour l'instant de la conscience éveillée, mais de la conscience ordinaire, commune à chacun d'entre nous. C'est ce qui est le plus important à l'heure actuelle, sinon nous pouvons être ballottés de la clarté à la confusion, ce qui provoque beaucoup de souffrance à cause des émotions perturbatrices. Nous ne pouvons alors être en paix. C'est pourquoi nous parlons dans les enseignements de la conscience claire. C'est pourquoi le Dharma nous invite à regarder nos concepts, afin de sortir de la confusion. »

L'anxiété fait également partie des grands fléaux de notre société. L'angoisse, le stress sont des mots qui reviennent souvent dans le vocabulaire de chacun, lors d'un examen, au travail. Naissent fatalement des tensions qui perturbent la vie familiale et nos rapports avec les autres. Les effets sont évidents sur la santé.

« C'est un vaste sujet ! s'exclame Lama Jigme Rinpoche. Il existe beaucoup de méthodes pour calmer l'esprit. Dans le cadre de l'entreprise, par exemple, il faut faire quelque chose d'immédiatement efficace. Une de ces méthodes consiste à se distancier de ses émotions. Malheureusement, ce n'est pas quelque chose qu'on arrive à faire comme cela, du premier coup. Il faut s'entraîner. Pour ce faire, il y a deux moyens :

« *Développer la vigilance.* C'est vraiment une étape importante, parce que cela signifie essayer au départ d'être conscient, constamment, de ce qui se passe dans notre esprit. Cela ne veut pas dire être tendu. Simplement, il y a nous : on agit. Et puis, il y a comme un observateur en nous qui va se développer petit à petit, qui va se regarder agir. C'est cela cette vigilance. On va la développer en prenant conscience au départ des émotions à chaque fois qu'on s'est laissé emporter. Il est évident qu'au début, on ne pourra pas dire : "Attention, je vais me mettre en colère !" Pas du tout ! On va dire : "Oh, je viens de piquer une crise !" On va commencer à en prendre conscience, puis, petit à petit, dès qu'on commencera à élever la voix, on se dira : " Tiens, je parle fort. Je suis en train de me mettre en colère. " Et puis, avant de parler fort : "J'ai envie de parler fort. Je dois être en colère. Effectivement, je suis en colère." Peu à peu, on constatera, de plus en plus vite, l'apparition des émotions jusqu'au moment où on sera capable de se distancier. On peut faire cela aussi pour les émotions positives : on peut s'apercevoir que, si l'on est en famille, on aime sa femme, ses enfants... Et, c'est très bien d'en prendre conscience, de voir ce qui se passe dans l'esprit. À force, on s'apercevra que même au travail on est content, satisfait. C'est un entraînement !

« *Calmer l'esprit*. Pour cela, on essaiera de réserver un moment pour laisser reposer son esprit dans sa propre tranquillité, sans essayer de penser à quoi que ce soit. Simplement le laisser se détendre comme un élastique qu'on lâche. Il faut prendre l'habitude, lorsque l'on est par exemple au bureau, au lieu de chercher quelque chose à faire, de s'asseoir, de laisser l'esprit en repos, être là simplement bien tranquille. On peut le faire à la maison aussi, quand on a quelques minutes, mais il est important de savoir que cela peut se faire n'importe quand : même au milieu de la journée la plus agitée, car, lorsque l'on reprend le travail, on s'aperçoit que l'on n'est plus du tout dans le même état d'esprit, que l'on est plus efficace. Cela deviendra une habitude, on va gagner comme cela de l'énergie... »

> Si, en plus de se détendre, on engendre dans son propre esprit des dispositions positives, que l'on développe la bodhicitta, c'est-à-dire cet état d'esprit bienveillant, attentif à autrui, désireux de bien faire, soucieux de rendre les autres heureux, à ce moment-là, on met en jeu des forces considérables, et on aura très largement positivé sa journée...

*

*   *

Daniel Goleman, docteur en psychologie et journaliste au *New York Times*, fait dans son livre *Intelligence émotionnelle*[1] le constat suivant : « Le XXe siècle aura été celui de l'anxiété, mais il semble que nous entrions maintenant dans l'ère de la mélancolie. » Force est de l'approuver, car les statistiques internationales qu'il a consultées révèlent que nous sommes confrontés à une véritable épidémie de dépression qui se répand comme une traînée de poudre sur l'ensemble de notre planète. « Depuis le début du siècle, chaque génération court davantage de risques que les précédentes de souffrir d'une dépression profonde, explique-t-il, non pas la simple tristesse, mais une apathie paralysante, un abattement, un apitoiement sur soi-même et un sentiment d'impuissance accablante[2]. Et celle-ci se manifeste de plus en plus tôt. La dépression chez les enfants, naguère pratiquement inconnue (ou du moins, méconnue) apparaît comme une caractéristique du monde moderne. »

Une autre étude à l'échelle mondiale constate que cette épidémie de dépression suit quasiment la même progression au Canada, en Italie, en Allemagne, en France, et en Nouvelle-Zélande. Par exemple, pour l'Allemagne, le taux des personnes dépressives est passé de 4 % pour les personnes nées avant 1914 à 14 % pour celles nées dans la décennie précédant la fin de la Seconde Guerre mondiale.

---

1. Titre original, *Emotional Intelligence*, Bantam Books, New York, 1995 ; Robert Laffont, 1997.

2. « The Changing Rate of Major Depression : Cross-National Comparisons », *Journal of the American Medical Association*, 2 décembre 1992.

Enfin, Daniel Goleman souligne un fait de plus en plus dramatique : « La proportion de filles et de garçons entre dix et treize ans souffrant d'une dépression profonde au cours d'une année donnée atteint 8 ou 9 %. Des statistiques montrent que, pour les filles, le pourcentage double presque à la puberté ; entre quatorze et seize ans, 16 % traversent une période de dépression, alors que le pourcentage reste inchangé pour les garçons[1]. »

Ce phénomène de dépression, chez les adultes et de plus en plus chez les jeunes, épouse les grands maux de nos sociétés modernes. Pour les adolescents qui veulent mieux se connaître, Lama Jigme Rinpoche anime des stages à Dhagpo. Il porte sur eux un regard empli de compassion :

« Les adolescents comprennent très bien ce qui se passe autour d'eux. Ainsi, en leur donnant les bases nécessaires à leur évolution, ils sont capables de suivre les bonnes méthodes. »

> Dans la vie quotidienne, les adolescents ont l'occasion de voir des films violents, ils ont parfois sous les yeux de mauvais exemples de conduite. Bien sûr, personne ne voudrait suivre spontanément ce chemin, mais, à force d'avoir ces mauvais exemples sous les yeux, il se peut qu'ils les adoptent inconsciemment.

1.Patricia Cohen, New York Psychiatric Institute, 1988 ; Peter Levinshon, « Adolescent Psychopathology : 1. Prevalence and Incidence of Depression in High School Students », in *Journal of Abnormal Psychology 102*, 1993 ; Mufson, « Interpersonal Psychotherapy » ; et pour les estimations les plus faibles, voir E. Costello, « Developments in Child Psychiatric Epidemiology », in *Journal of the Academy of Child and Adolescent Psychiatry.*

« De ce fait, les adolescents peuvent succomber aux tentations de la drogue et de tous ses dérivés, car un adolescent possède une forte énergie, mais ne sait pas quoi en faire. C'est pourquoi, lors des stages, je parle de ces problèmes, pour leur montrer quel est le but de la vie et comment réagir dans le cadre de ces situations. Nous leur enseignons combien leur existence est précieuse et comment l'utiliser correctement, qu'il existe beaucoup d'obstacles et de tentations – même si celles-ci paraissent inoffensives –, et comment réagir face à cela, quelle méthode ils devraient utiliser. Avec ces informations, ils ont la possibilité de réfléchir et, surtout, lorsqu'une situation apparaît, ils sont capables de réagir correctement. »

Les causes de la dépression sont multiples. Dans un couple, c'est le manque de confiance l'un vis-à-vis de l'autre. Dans nos sociétés, c'est quelquefois le chômage qui se prolonge, mais cela peut également être une surcharge de travail. Avoir confiance en votre couple est le fondement de votre existence. Si vous n'avez pas confiance, vous n'aurez confiance en personne. Cette situation vous plongera fatalement dans la dépression. Il faut donc être satisfait de ce que l'on possède.

Dans le bouddhisme, il faut savoir avoir honte, avoir le souci des autres et se montrer satisfait de ce que l'on a. En développant ces qualités, vous éviterez la dépression.

L'échec scolaire et la solitude des enfants sont dus en partie à l'absence des parents – physique et morale –, au tout laisser-faire ou tout laisser-aller qui conduisent trop souvent les jeunes à la révolte, à la violence, à la délinquance, à la drogue, à l'alcoolisme, voire au suicide…

Khenpo Tcheudrak explique que, si les enfants en arrivent à une telle situation, c'est que les adultes n'ont pas su ou pu développer les deux qualités citées par le Karmapa : le sens de la honte, qui est aussi prise de conscience sans culpabilité, et le souci des autres. Mais, il faut aussi que les enfants comprennent que s'en remettre à l'alcool ou à la drogue ne peut que nuire à leur existence. Le bonheur ne se trouve pas dans les jardins artificiels.

> *Parents, enseignants, médias, nous devons tous insister sur les méfaits de ces produits. Pour ce faire, nous devons veiller à la préservation de notre culture, car elle est un des moyens pour lutter contre la drogue, l'alcoolisme ou la délinquance… Il est en effet prouvé que, dans les pays où la culture est encore très présente, les taux de suicide sont plus bas que dans les pays aux cultures éclatées.*
>
> *La pratique d'une religion et, pour nous, les enseignements du Bouddha peuvent nous aider à lutter contre les méfaits de la drogue, de l'alcool et d'autres produits dérivés – je pense notamment aux anxiolytiques…*

Les individus d'aujourd'hui n'ont plus ni mythes fondateurs, ni rites, ni coutumes auxquels se référer, ils sont pour une grande majorité des citadins livrés au désordre des mégapoles internationales.

Si les individus, plongés dans la modernité, n'ont plus de coutumes - donc plus de rites, et plus de référence à leur passé -, ils sont également coupés de la dimension transcendante. Ils vivent la mondialisation, l'économie à outrance, souvent mal et, pour se sauver, ils sont parfois prêts à toutes les dérives.

Lama Jigme Rinpoche jette sur nos sociétés modernes et sur le monde économique un regard de bon sens. Au contact des chefs d'entreprise, il estime que dans le monde occidental, en règle générale, les individus ont une conduite éthique. Mais lorsqu'il s'agit d'obtenir des profits, ils oublient les attitudes justes et utilisent alors des méthodes négatives pour arriver rapidement à leurs fins. Il existe aussi des activités négatives comme celles des manufactures d'armes ou des guerres.

Si l'on agit dans le but d'aider les êtres sans utiliser sa conscience, explique encore Lama Jigme Rinpoche, il se peut que l'on accomplisse des actions négatives. Il existe différentes méthodes pour arriver au but, mais, du fait de notre impatience, nous utilisons la fraude pour y arriver le plus rapidement possible. Ainsi, nous abandonnons notre conduite éthique et nous utilisons des méthodes erronées ; c'est pour cette raison que nous essayons de rappeler aux individus leurs caractéristiques et le bien-fondé d'agir pour et en rapport avec autrui. La plupart des innovations technologiques du monde occidental ont été créées pour le bienfait des individus, mais, à un niveau individuel, chacun veut faire du profit grâce à ces marchandises.

> Essayer de faire du profit n'est pas un acte négatif en soi, mais pour y parvenir, chacun est prêt à utiliser tous les moyens, et même les plus malhonnêtes.

Pour Lama Jigme Rinpoche, une conduite éthique dans le cadre de l'entreprise signifie que, bien qu'il faille engranger des bénéfices et des résultats immédiats, il existe des méthodes saines qui permettent de ne pas se laisser emporter par ses bas instincts de « rapace ». Car, tout dépend de notre façon d'agir. Si nous agissons en suivant une conduite juste, il y a alors beaucoup plus de bénéfices pour tout le monde. C'est ainsi que nous essayons d'introduire la notion de bodhicitta. Il est plus aisé et plus facile d'agir en adoptant et en suivant ce mode de comportement.

Évidemment, les résultats dépendent essentiellement des individus, et surtout de ce qu'ils ont compris. Ils sont également en relation avec les exemples que nous avons sous les yeux. Si quelqu'un utilise des méthodes illégales et qu'il arrive à ses fins, les individus seront alors tentés de l'imiter, mais si, pour arriver au même but, les individus disposent de méthodes justes, ils utiliseront celles-ci.

Tout dépend de nous-mêmes. Si nous voulons atteindre un objectif, nous possédons une palette de méthodes. C'est notre choix d'adopter une conduite juste et saine ou de vouloir suivre une méthode négative. Il y a des exemples de personnes riches et célèbres qui ont utilisé des méthodes saines et qui suivent une conduite éthique correcte. Ils montrent que, pour arriver à ses fins, il n'est pas nécessaire d'agir en trichant, ni en violant toutes les règles de la conduite juste.

19
La mort est une étape naturelle de la vie

La veille de mon départ de New Delhi, j'ai repris avec le Karmapa et Khenpo Tcheudrak le thème de la mort et de la naissance déjà abordé avec Sa Sainteté. Ce soir-là, ils m'ont expliqué que le fœtus, dans le ventre de sa mère, vivait une horrible souffrance ; et de citer Gampopa, le grand sage et médecin qui, au XIe siècle, écrivait déjà : « Quand la mère a un régime alimentaire déséquilibré où prédomine la nourriture froide, le fœtus ressent la douleur d'une personne nue jetée sur la glace. De même, il souffre quand la nourriture est trop chaude ou trop acide. Quand la mère mange trop, c'est la sensation d'être écrasé entre les rochers qui prédomine ; quand elle ne mange pas suffisamment, c'est celle d'être suspendu et balancé en l'air… Quand elle a des rapports sexuels trop fréquents pendant la grossesse, l'embryon se sent comme flagellé par des épines. »

Le corps humain est constitué de cinq éléments : la consistance et la fermeté du corps sont liés à l'élément terre ; de la même manière, les liquides à l'élément eau ; la croissance à l'élément feu ; le mouvement à l'élément air ; les parties vides du corps à l'espace. Toujours selon Gampopa, à la naissance, le bébé ressent « une sensation semblable à celle d'une vache écorchée vive, ou à celle de piqûres de guêpes, et quand il est baigné, le contact de l'eau lui donne la sensation d'être battu ».

Le corps n'est qu'une imputation de l'esprit. Nous ne pouvons pas trouver quelque chose qui soit le corps. Celui-ci est fait de cheveux, de peau, d'os, d'organes, et tout ceci n'est composé que d'atomes, divisibles jusqu'à l'infini. De même, nous ne pourrons jamais trouver quelque chose sur lequel nous puissions pointer notre doigt, en disant : « Ça, c'est le corps ! » Le corps est une illusion, et on s'illusionne autant qu'un enfant qui pense que sa poupée est une véritable personne…

Nous avons généralement le sentiment que notre corps est parfait, qu'il n'a pas de défauts, qu'il est pur. Nous le chérissons avant toute autre chose. Si nous l'observons de plus près, il n'a dans l'absolu rien de beau ; bien au contraire, il est plutôt répugnant, car il est un sac d'excréments, de pus, de sang, d'ongles, entre autres éléments… Nous nous apercevons aussi qu'il est fragile, qu'il peut se casser à tout instant, qu'il est sujet à toutes sortes de maladies.

Pour toutes ces raisons, nous ne devons pas être esclaves de notre corps, mais, au contraire, faire en sorte qu'il travaille pour notre esprit.

Cette conception du corps est bien loin de l'apologie que tout le monde fait de la beauté dans les magazines ou à la télévision.

Si nous essayons de définir la beauté, nous nous apercevons très vite que cela est impossible. Le beauté est relative et n'est dans l'absolu qu'une imputation de notre conscience, car on ne peut la trouver, existante d'elle-même dans la réalité. Dès lors, ne suivez pas la mode, avancez dans la vie sur la base de ce que vous êtes réellement.

Mais, que ce soit le Karmapa ou le Khenpo, tous deux ont cependant bien conscience du fossé qui existe aujourd'hui entre leur manière de penser et la nôtre.

Les points de vue sont également très différents en ce qui concerne la vieillesse et la maladie, que nous nous acharnons à cacher.

Depuis des temps sans commencement, nous ne cessons de mourir. La mort n'est donc pas quelque chose de nouveau et ne devrait pas nous faire peur, puisque, dès la naissance, elle est en nous. Alors, autant s'y préparer, par la pratique et par une éthique de vie, notre renaissance dépendant essentiellement du karma de nos vies antérieures et des mérites accomplis dans cette existence-ci.

Rien ne sert de cacher la mort. Elle vous rattrape toujours au grand galop. Alors, n'agissez pas comme le singe qui se couvre les yeux, croyant qu'on ne le verra pas. Inutile, non plus, de chercher quelqu'un qui, dans ce monde, ne soit jamais mort : vous ne le trouverez pas.

Tenant compte de cette observation, on s'aperçoit que les bouddhistes, et notamment les Tibétains, accompagnent les personnes en fin de vie d'une façon tout à fait naturelle. Cet accompagnement s'effectue bien entendu par la famille, traditionnellement guidée par le lama du mourant, qui lui offre des reliques, diverses substances sacrées, lui donne un enseignement, et pratique le transfert de conscience-*powa*. Le *Livre des morts tibétains - Bardo Thödol* - explique que le meilleur moment pour effectuer le transfert de conscience se situe juste au moment où la respiration du mourant va cesser... Ce sont les différents stades de la mort, décrits dans le *Bardo Thödol* qui sont lus à voix haute à la personne en fin de vie ou déjà décédée.

La période de deuil dure généralement quarante-neuf jours, délai moyen pour une nouvelle renaissance, durant lesquels on pratique certains rituels comportant la visualisation de mandalas[1]. Des êtres peuvent renaître plus rapidement, et d'autres peuvent rester des années avant de revenir sous une forme humaine ou une autre manifestation. Le corps est ensuite brûlé, surtout s'il s'agit d'un maître spirituel, rinpoche ou tulkou. Dans le passé, le corps était géné-

1. Représentation symbolique du monde, du cosmos, du palais d'une divinité. Existe en peinture, en sable coloré ou en vraies dimensions, et constitue un support de méditation.

ralement découpé et jeté dans un lac ou une rivière, afin de nourrir les poissons, ou encore laissé en pâture aux vautours. Dans les deux derniers cas, cette manière de procéder était expliquée comme étant un ultime acte de générosité, et donc un ultime mérite qui faciliterait la renaissance.

De nos jours, en Occident, les bouddhistes ont, eux aussi, développé l'accompagnement des personnes en fin de vie ou en deuil. L'association Semdrel, à Dhagpo, en est l'un des exemples. Lorsque les lamas occidentaux et les bénévoles de Semdrel parlent de l'accompagnement, ils posent un postulat de départ, considérant notamment que la mort est une étape naturelle de la vie, donc à ne pas considérer comme un échec, que ce soit d'un point de vue médical ou humain. Le corollaire de cette notion est que l'être mourant est un être vivant jusqu'au bout, un être qui a la nature de bouddha, qui en a la dignité fondamentale et inaltérable. À Semdrel, on explique :

« Si nous considérons un patient arrivant dans une unité de soins palliatifs, nous ne pouvons faire l'économie, pour comprendre sa souffrance, de connaître son parcours tout au long de sa maladie. Depuis le premier symptôme inquiétant jusqu'à ce jour, de nombreuses épreuves ont été traversées : examens multiples et variés, traitements souvent lourds et douloureux, peut-être une ou deux interventions chirurgicales, en fait, tous les moyens possibles pour contrecarrer le cours de la maladie. Ce malade a donc déjà connu un passé d'espoirs déçus, d'angoisses diverses, et c'est tout son être qui est en difficulté, tout son être qui en est affecté. »

Nous devons prendre en considération la souffrance globale, à savoir la souffrance physique - douleurs et inconfort -, la souffrance sociale et familiale, la souffrance pathologique et la souffrance spirituelle.

Si l'on parle de souffrance physique, les lamas de Semdrel évoquent bien évidemment la douleur - 70 à 80 % des personnes en fin de vie sont concernées -, mais également d'autres symptômes, tout aussi gênants, comme les problèmes respiratoires et digestifs, les nausées, les mycoses buccales, et encore les troubles de la conscience qui peuvent aller jusqu'au coma ou à la confusion mentale. Toutes ces souffrances physiques ont un retentissement psychologique, social et spirituel, et l'on voit bien qu'il est en fait impossible de ne pas prendre en compte tous ces aspects.

Le travail des soignants consiste à tenter de maintenir les patients en vie, le plus confortablement possible, par des traitements appropriés et par des soins qui ne sont pas exclusivement des traitements lourds. La souffrance sociale naît du fait que le malade se sent écarté de la société, non productif et donc à charge de la société et de son entourage ; c'est une souffrance souvent tue et mal comprise.

Face à la souffrance psychologique, on compte d'abord sur les médicaments, alors que, bien souvent, une prise en compte de la douleur physique et de l'inconfort du malade, une présence attentive, une écoute permettent un soulagement sensible : en fait, le temps de parole est un soin à part entière.

Et, c'est encore trop souvent oublié par les personnels de santé, pas toujours formés à ce type de prise en charge, malgré les efforts accomplis en ce sens depuis plusieurs années.

Le processus de la souffrance psychologique est enclenché dès le début de la maladie. Quatre types d'émotions vont émerger : la colère, la culpabilité, la peur et la dépression. La colère, souvent mal tolérée par l'entourage, va trouver une cible extérieure : Dieu ou la destinée, la médecine, les proches ou soi-même… La culpabilité peut être ressentie, parce que l'on se sent un poids pour la famille, parce que l'on vit difficilement la dépendance et que l'on n'est pas assez fort pour faire face à la situation… Différentes peurs peuvent également surgir : la peur de la mort, de la douleur, de la déchéance physique ou mentale, de la perte de contrôle sur les événements… Quant à la dépression, elle est une phase naturelle du processus due à la perte de la bonne santé, de l'autonomie, de son statut social et familial, de ses projets, de son avenir…

À partir de toutes ces souffrances, une stratégie de protection inconsciente va se mettre en place en fonction des tendances de chacun. Le déni, l'agressivité, la régression ou le contrôle excessif vont être autant de moyens de se protéger, en apparence seulement, de refuser la réalité ou d'y faire face…

Les lamas de Semdrel rappellent des notions que nous avons déjà évoquées : dans les enseignements du Bouddha, trois types de souffrance sont définis. La souffrance omniprésente, inhérente à notre condition humaine, la souffrance de l'alternance, née du déni de l'impermanence, du changement, et la souffrance de la souffrance, fruit de notre refus de souffrir.

Toutes ces souffrances naissent du fonctionnement même de l'ego. Une meilleure compréhension du jeu émotionnel qui est le nôtre peut nous permettre d'accepter ces différentes souffrances avec davantage de distance et de compassion. Un cheminement spirituel nous amène à faire face à la fragilisation issue de ce processus.

La question suivante se pose alors : que faire de cette souffrance ?

Il est difficile de faire face à la souffrance de fin de vie, si nous ne l'avons pas abordée par la réflexion, la pratique spirituelle tout au long de notre existence. Plutôt que de se battre avec elle, le Bouddha nous invite à en comprendre le fonctionnement. Elle n'est pas un destin incontournable, mais le fruit d'attitudes de l'esprit. Les souffrances que nous rencontrons peuvent nous servir à mieux comprendre l'esprit et ses fonctionnements, et à prendre conscience de la souffrance des autres. La façon dont nous allons les aborder débouchera sur un sens né de l'expérience. Si la souffrance a une signification, elle peut être intégrée à la vie.

Bien sûr, la souffrance physique doit être soulagée – par des médicaments par exemple ; mais, le fait de la soigner et de la dissiper ne doit pas nous empêcher de la prendre comme support de notre réflexion spirituelle. Il s'agit d'établir un rapport sain à la souffrance, de façon à savoir quels remèdes nous pouvons lui apporter et, si elle est reconnue, comment l'intégrer au chemin spirituel.

Il est important de différencier notre propre souffrance de celle de l'autre. On ne peut imposer à l'autre notre façon de faire. Face à une personne en fin de vie, une attitude d'accueil de ce qu'elle exprime, de ce qu'elle vit et ressent, une écoute sans jugement ni a priori sont une aide précieuse. Cette présence chaleureuse lui permet de poser un regard différent sur son vécu, et donc un cheminement plus épanouissant peut prendre place. De cette expérience va émerger un sens, qui est propre à chacun.

*

* *

C'est la fin de la vie ; le moment de la mort est également décrit dans les tantras, dont le *Gyü-zhi*. Ce que les bouddhistes appellent la mort, c'est le moment où le corps et l'esprit se dissocient. Il est dit que trois conditions nous maintiennent en vie : le karma, nos mérites et la santé ou la puissance vitale.

Ce que nous appelons le karma, ce sont les tendances et les actes que nous avons accumulés dans nos vies passées et qui viennent à mûrir dans cette vie-ci ; les mérites sont les actes positifs que nous accomplissons dans cette vie-ci ; et la puissance vitale, c'est tout ce par quoi notre corps est constitué - de la naissance jusqu'à la mort -, et c'est ce qui nous permet de vivre.

Lorsque l'un de ces trois éléments est épuisé, nous vivons malgré tout. Si notre puissance vitale est atteinte, nous pouvons retrouver la force qui nous manque, éventuellement prolonger notre vie de quelques années, par les traitements médicaux. Si notre karma est arrivé à terme, et si nos mérites viennent à être épuisés, nous pouvons également essayer de prolonger la vie en accomplissant des actes positifs - tels que sauver des animaux ou venir en aide à autrui... En revanche, si la puissance de ces trois élements nous fait défaut, nous mourrons inévitablement.

La base de notre force vitale est ce corps composé des cinq éléments intérieurs - terre, eau, feu, air, espace. Lorsque le moment de la mort approche, la force de ces éléments s'amenuise, entraînant une baisse sensible des facultés sensorielles et des centres d'énergie. Le Khenpo a décrit ce qui se passe alors.

L'élément feu, qui représente la chaleur de notre corps et qui nous permet de croître, donne une sensation de perte de cette chaleur. Signe intérieur : nous ressentons une impression de froid, qui commence aux extrémités du corps. Signe extérieur : la personne en fin de vie perd légèrement conscience et sa perception est troublée.

Lorsque l'élément terre s'épuise, signe intérieur : la personne en fin de vie a l'impression de tomber dans le vide. Signe extérieur : elle essaie de se redresser.

Lorsque l'élément eau s'épuise, comme signe intérieur le mourant a l'impression que son corps tombe en morceaux. Signe extérieur : ses muqueuses s'assèchent.

Lorsque l'élément air s'épuise, signes intérieurs : la respiration cesse et le nez se referme. Signes extérieurs : l'ouïe du mourant s'affaiblit ; il perçoit des bruits lointains, même si on lui parle à voix haute.

Dans le bouddhisme, on parle également de canaux d'énergie subtils, dont le principal suit la colonne vertébrale jusqu'au sommet de la tête. Ce n'est pas une veine, c'est quelque chose qui est lié à la moelle épinière. On dit qu'au sommet de ce *nadhi*, se trouve le *bindu* blanc, et à sa base, le *bindu* rouge, reliés par le grand *prana* de la vie, qui n'est perceptible par aucun être ordinaire.

Lorsque le prana se dissout dans l'espace, le signe extérieur est que les expirs du mourant deviennent très longs, et les inspirs très courts. Le signe intérieur est que la conscience apparaît aussi claire et fixe que la lumière d'une lampe.

Au moment de la mort, ce sont les deux éléments les plus purs de notre corps, le bindu blanc et le bindu rouge, qui se rencontrent au niveau du cœur. C'est alors que le cœur s'arrête.

Les tantras bouddhistes expliquent encore que, lors d'une méditation sur cette énergie, on peut très bien imaginer ce nadhi au centre du corps. Tout ceci, bien évidemment, reste de l'ordre de l'extrême subtilité. Quoi qu'il en soit, lorsque ces deux énergies se rencontrent au niveau du cœur, la vie cesse : la personne a l'impression que la terre et le ciel viennent s'écraser l'un contre l'autre ; elle ne perçoit alors plus rien et se trouve plongée dans un noir total. Les médecins occidentaux parlent alors de mort clinique...

Pour les bouddhistes, la vie et la mort forment donc un tout. Chaque instant de notre vie doit être utilisé pour préparer notre mort. En fait, la vie et la mort sont des réalités transitoires perpétuellement changeantes, qui s'appellent *bardos.*

Ainsi, l'existence des êtres se divise en quatre réalités ou quatre bardos : le bardo naturel de cette vie, c'est-à-dire la vie elle-même ; le bardo douloureux de la mort, c'est-à-dire le processus de la mort et la mort elle-même ; le bardo lumineux de la dharmata, c'est-à-dire la période après la mort ; et, enfin, le bardo karmique qui correspond à la renaissance.

20
Le temps n'est qu'une illusion

Le temps et notamment l'importance que nous lui attribuons, puisque nous le laissons régir totalement notre vie, représente une énigme. La représentation - si ce terme est exact - que nous en avons ne repose absolument sur rien d'autre qu'une convention. Et le comble, c'est qu'aujourd'hui nous en sommes arrivés à considérer que la mesure précise du temps est devenue une nécessité, une exigence, à laquclle nous acceptons de nous soumettre, sans jamais la remettre en question.

Il ne se passe pas « un moment » dans la journée sans que nous ayons rendez-vous avec le temps. Nous n'avons cependant jamais vérifié - et d'ailleurs comment le faire ? - qu'une journée « dure » vingt-quatre heures, et une heure, soixante minutes. Nous n'émettons pas le moindre doute là-dessus. De même, nous admettons comme une évidence que « le temps passe ».

Mais que cela signifie-t-il exactement ?

J'ai donc interrogé Khenpo Tcheudrak sur ce thème.

« Le temps, m'a-t-il confirmé, n'est en effet qu'un concept... Du point de vue du bouddhisme *Mahayana*, le temps n'existe pas en lui-même. Il n'a pas d'existence inhérente. Si nous l'analysons, nous ne pouvons pas en trouver la nature. La conscience saisit quelque chose comme étant le temps ; or, quand nous l'analysons, nous ne pouvons pas le trouver... C'est une idée, un concept qui a une réalité relative, à laquelle nous sommes assujettis. Nous en arrivons à la conclusion que le temps n'est qu'une illusion et n'existe pas. Qu'est-ce qu'une illusion ? C'est penser qu'il y a quelque chose, alors qu'il n'y a rien, c'est une conception fausse... Le fait, par exemple, que nous nous soumettions à des emplois du temps de plus en plus rigides est un assujettissement au temps. Si nous comprenions la nature réelle du temps, nous en serions libérés. Cela dit, dans le monde, il existe différentes manières de chercher à définir la liberté. Nous croyons généralement que nous sommes libres dans les situations où nous ne dépendons de personne, dans celles où nous faisons exactement ce que nous voulons, quand nous le voulons, et encore dans celles où nous devenons de plus en plus riches et celles où notre pouvoir s'accroît... »

« Si l'on réfléchit bien, tout ceci n'est qu'un simple assujetissement aux objets, au matériel. L'exemple des hommes d'affaires est tout à fait significatif. Tout ce qu'ils entreprennent est destiné, selon eux, à les rendre libres et heureux ; mais, comme ils sont esclaves de leurs objectifs, ils ne connaissent pas réellement la liberté. Les hommes les plus riches du monde n'ont jamais vraiment de temps pour eux-mêmes et, le jour où ils en ont, ils sont assujettis à la vieillesse et, à nouveau, ils sont enfermés dans une situation qu'ils ne contrôlent plus... »

Selon un point de vue bouddhiste, si nous arrivons à contrôler notre esprit, nous parviendrons à une totale liberté. Le moyen d'y parvenir est de l'analyser pour comprendre comment il fonctionne. L'esprit n'est pas libre, parce qu'il est victime de toutes ces pensées qui l'agitent. Comprendre ce qu'il est réellement, retrouver sa véritable nature nous aideront à le maîtriser.

« Il n'y a pas d'autres moyens que d'étudier et de pratiquer pour pouvoir se libérer de toutes les emprises et notamment de celle du temps. Évidemment, il faut de la persévérance pour cela. Le Bouddha a dit : "Je vous ai montré la voie, mais que vous la mettiez en pratique ne dépend que de vous..." »

L'Éveil, la liberté ne peuvent être donnés comme un cadeau. Chacun doit faire le travail. Le Bouddha a encore donné un exemple, celui du ver à soie qui construit autour de lui un cocon, dans lequel, emprisonné, il vient à mourir. De la même manière, nous construisons nous-mêmes l'illusion, source de nos maux. Il ne tient qu'à nous de nous en défaire.

C'était dit ! Le Khenpo ne m'a laissé aucun espoir. Travailler trente-cinq heures ou soixante-dix heures par semaine procède exactement de la même chose, du monde de l'illusion, de la vérité relative. Il est toujours possible de discuter pour améliorer une situation, mais si l'on veut s'en libérer, il faut emprunter ce chemin qui consiste à comprendre ce qu'est exactement notre esprit.

J'ai voulu savoir comment, selon lui, les êtres éveillés appréciaient la notion de temps, et s'il pouvait me donner sur cette question quelques indications concernant Sa Sainteté Trinley Thayé Dordjé.

« Le Karmapa et les êtres réalisés voient que le temps n'a pas d'existence propre. Pour eux, le temps n'est qu'une illusion. Mais, ils voient aussi l'illusion dans laquelle nous nous trouvons. Afin de nous en libérer, ils utilisent le temps pour nous instruire à travers cette illusion. Même à l'âge qu'il a aujourd'hui, le Karmapa voit tout cela, et il le voyait déjà il y a bien longtemps... En ce moment, le Karmapa étudie, reçoit des initiations, des instructions, mais fondamentalement il n'a pas besoin de tout cela. Il le fait pour donner l'exemple, pour nous montrer comment faire pour nous libérer... Le Karmapa, très jeune, a fait ce qu'on appelle des miracles. Donc, il a bien réalisé que le temps n'a pas d'existence inhérente, comme d'ailleurs tout le reste... C'est ainsi qu'il a pu, enfant, sans difficulté aucune, plier la lame d'un couteau et la ramener sur le manche, ou laisser l'empreinte de ses doigts sur une pierre avec laquelle il jouait. Il a réussi à le faire, parce qu'il sait que la pierre, le temps et ses doigts n'ont pas d'existence propre... À mon sens,

Gilles, tu ne pourrais pas aujourd'hui en faire autant, non pas parce que tu n'es pas assez fort, ou que la pierre est trop dure, mais parce que tu crois que tu es Gilles, que la pierre est la pierre, et que le temps existe tel quel réellement. Quand tu auras compris et réalisé, tu pourras toi aussi le faire. »

Sans que je le lui demande, le Khenpo s'est levé et est allé chercher, pour me le montrer, le couteau à la lame pliée par Sa Sainteté. J'avoue avoir été sidéré, car à moins d'accorder crédit aux propos du Khenpo, je ne vois vraiment pas comment cela a pu se faire.

> *Par rapport au temps, nous disons qu'il n'y a pas un présent existant de manière inhérente, car s'il existait ne serait-ce qu'un instant présent véritable, il y aurait de part et d'autre de cet instant présent d'autres instants véritables, et nous ne serions pas dans le temps, dont le propre est l'impermanence, mais dans l'éternité immuable.*

21
Pour ne pas conclure

Nous vivons, c'est une évidence, des temps complexes et dangereux, et, en même temps, passionnants. Nos libertés individuelles se sont accrues, mais lorsqu'il s'agit de nos souffrances, de celles de ceux que nous aimons, de la compréhension de notre fonctionnement et de celui d'autrui, elles demeurent en réalité très limitées. Nous n'avons dans ce domaine aucune certitude. Nous ne savons pas plus aujourd'hui qu'hier de quoi demain sera fait, et nous ignorons toujours, comme par le passé, comment gérer au mieux nos relations amoureuses ou parentales.

La philosophie bouddhiste représente-t-elle notre salut ? Difficile de répondre à une telle interrogation. Une chose est sûre, nous sommes tous si différents les uns des autres, qu'il faudrait que les fondements de cette philosophie-religion soient réellement universels, afin que nous y voyions un peu plus clair de manière collective. Peut-être d'autres, dans d'autres disciplines, les hommes et les femmes de religion bien sûr, mais également les scientifiques, les psychologues, les psychiatres, les sociologues peuvent-ils s'essayer avec succès à trouver une réponse ?

Ce que le journaliste ou l'écrivain peut faire, à mon sens, c'est de relater ce qu'il a constaté, d'en témoigner. Et, ce que j'ai vu, ce sont des gens perdus, pour la plupart, qui, au contact du bouddhisme et des maîtres qui l'enseignent, retrouvent l'espoir et le sourire. Un peu comme si, enfin, ils reconnaissaient leur chemin, et rentraient à la maison.

Trinley Thayé Dordjé est jeune, certes, encore que je ne sois pas certain que ce soit ce premier aspect qui vienne à l'esprit quand on le rencontre, mais il est en tout cas un des représentants les plus éminents de cette philosophie-religion qui, peut-être, pourra nous apporter quelques solutions.

Avant de le connaître, j'ignorais que les rôles seraient un jour inversés, et que ce serait lui, un jeune homme, qui disposerait de la Connaissance et qui me la transmettrait, à moi qui suis dans l'automne de l'âge.

C'est peut-être ce qu'il y a de plus frappant dans tout cela : la simplicité naturelle des choses et des rapports ; peut-être parce que, dans l'approche des lamas, rien n'est jamais figé. À leur contact, et au contact de sa Sainteté, réapparaît en soi et autour de soi un goût d'authenticité semblable à celui de la fraîcheur de l'enfance. C'est un peu comme si notre sagesse naturelle, toujours présente en nous, mais profondément enfouie sous le carcan que nous nous forgeons nous-mêmes, retrouvait son espace.

Le Karmapa fait partie de ceux qui possèdent en eux un plus grand degré de sagesse que la plupart d'entre nous. En même temps, il est un jeune homme de son siècle, conscient de ce que celui-ci présente de positif et de négatif.

L'éducation qui lui est donnée est celle de tous les Karmapas précédents, mais la sienne se déroule dans un contexte totalement différent, puisque le temps où ils étaient éduqués dans des monastères quasiment clos sur le Toit du monde est maintenant révolu. Sa Sainteté doit donc recevoir tout ce qui a été transmis à ses prédécesseurs, mais dans un monde totalement différent, en pleine mutation et riche de multiples possibilités.

Trinley Thayé Dordjé connaît les richesses de ce monde – il connaît par exemple la musique, il aime Mozart, mais aussi celle des jeunes de son âge. Il s'intéresse à toutes les nouvelles technologies, mais à la différence de la plupart d'entre nous, il n'est esclave de rien et il est capable, naturellement et spontanément, de toujours faire passer l'autre avant lui. Il a fait sienne une des citations les plus profondes de l'enseignement bouddhiste : « Donne toujours la victoire aux autres, prends la défaite sur toi. »

Je souhaite simplement que ce livre contribue à faire connaître le Karmapa pour tout ce que son message de sagesse, d'amour et de compassion contient de positif et de dynamique.

C'est bien évidemment par un souhait de Sa Sainteté Trinley Thayé Dordjé, le dix-septième Karmapa, que ce livre s'achève :

Aussi longtemps qu'il y aura des êtres,
Aussi longtemps que dureront l'espace et le monde,
Puissé-je aussi longtemps travailler
À détruire les souffrances du monde.

Que toute la douleur du monde mûrisse en moi,
Et que le monde,
Par la compagnie vertueuse des bodhisattvas,
Soit toujours heureux.

ANNEXES

LIGNÉE DES KARMAPAS

Tilopa
988-1069

Naropa
1016-1100

Marpa
1012-1097

Milarépa
1052-1135

Gampopa
1079-1153

Premier Karmapa : Düsum Khyenpa
1110-1193

Deuxième Karmapa : Karma Pakshi
1204-1283

Troisième Karmapa : Rangjung Dordjé
1284-1339

Quatrième Karmapa : Reulpé Dordjé
1340-1383

Cinquième Karmapa : Deshin Shegpa
1384-1415

Sixième Karmapa : Thongwa Deunden
1416-1453

Septième Karmapa : Tcheudrak Gyamtso
1454-1506

Huitième Karmapa : Mikyeu Dordjé
1507-1554

Neuvième Karmapa : Wangchouk Dordjé
1556-1603

Dixième Karmapa : Tcheuying Dordjé
1604-1674

Onzième Karmapa : Yéshé Dordjé
1676-1702

Douzième Karmapa : Changchouk Dordjé
1703-1732

Treizième Karmapa : Dudul Dordjé
1733-1797

Quatorzième Karmapa : Thetchok Dordjé
1798-1868

Quinzième Karmapa : Khakhyab Dordjé
1871-1922

Seizième Karmapa : Rangjung Rigpé Dordjé
1923-1981

Dix-Septième Karmapa : Trinley Thayé Dordjé
5 mai 1983

REMERCIEMENTS

Je remercie particulièrement :

Shamar Rinpoche pour m'avoir accueilli sur le chemin de Bodhgaya, en partageant une même passion des roses.

Lama Jigme Rinpoche, le représentant du Karmapa en Europe pour son accueil chaleureux, ses conseils et son soutien.

En Inde, mes pensées vont à Khenpo Tcheudrak Tempel, à Sempa Dordjé, à Lama Skarma Wandu, à Oumze Ngedon Tenzin, à Guendune Zangpo, à Yéshé, Passang et Wangyal mais aussi à Diane Bradkorb.

En France, Lama Tsonyi, Lama Yéshé, Lama Kemcho, Lama Dordjé, Lama Yeunten, Lama Lhundroup, et tous les lamas et stagiaires de Dhagpo, du Bost et de Laussedat qui, d'une manière ou d'une autre, à un moment ou à un autre, m'ont apporté leur assistance et les membres de l'association Semdrel. Sans oublier, à

Montchardon, Lama Teunsang, Fréderic Cattin. Et puis encore, Samphel et Jean-Marc Falcombello...

L'agence Gamma m'a apporté son soutien et son concours pour un reportage photos. C'est avec une profonde amitié que je pense à Michel Cabellic, Jean-Pierre Colly et au photographe Alain Robert...

Enfin, il y a tous ceux qui ne sont pas cités, mais que je n'ai pas oubliés pour autant.

Il y a également Léon Zeches, mon soutien de toujours, Marcel Kieffer et les siens et toute l'équipe de mon journal, Jean-Pierre Chambraud, Cédric, Viviane et Jean-Claude Soler, pour une nuit inoubliable devant un ordinateur... À eux aussi va mon amitié.

Ce livre est aussi pour Marie...

Gilles Van Grasdorff

BIBLIOGRAPHIE

Bardo Thödol, Le Livre des morts tibétain, présenté par Lama Anargarika Govinda, Albin Michel, 1981.

Bell Charles, *The Land of the Lamas,* Londres, Secley Services and Co., 1929.

Clifford Terry, *La Médecine tibétaine bouddhique et sa psychiatrie*, Dervy-Livres, Paris, 1991.

Deshayes Laurent, *Histoire du Tibet*, Paris, Fayard, 1997.

Douglas Nik & White Meryl, *Karmapa the Black Hat Lama of Tibet*, 1976.

Kalou Rinpoche, *Le Dharma*, Kunchab, 1989.

Jamgon Kongtrul, *Paix et connaissance de l'esprit*, Dzambala, 1986 ; *L'Alchimie de la souffrance*, Yiga Tcheu Dzinn.

Lama Guendune Rinpoche, *Mahamoudra*, Dzambala, 1997.

Lama Jigme Rinpoche, *La Méditation dans l'action*, Dzambala, 1996 ; *Vivre, mourir et vivre*, Dzambala,

1996 ; *Vivre libre*, Dzambala, 1996 ; *A comme Bouddha*, Amrita, 1997.

Lamothe Marie-José, *Les Cent Mille Chants de Milarépa*, Paris, Fayard, 3 vol., 1988 ; *La Vie de Milarépa*, Paris, Seuil, 1997 ; *Sur les pas de Milarépa*, Paris, Albin Michel, 1998.

TABLE DES MATIÈRES

CONTACTS ET INFORMATIONS

• **Siège européen du 17e Gyalwa Karmapa Trinley Thayé Dordjé**
Dhagpo Kagyu Ling - Côte de Jor - 24290 Saint-Léon-sur-Vézère - Tél. : (33) 05.53.50.70.75 - Fax : (33) 05.53.50.80.54 - e.mail : dkl@adhagpo-kagyu.org

Documentation en ligne
Site Internet : http://www.dhagpo-kagyu.org

• **Institut d'Études à Delhi**
Karmapa International Buddhist Institute - B 19-20 Mehrauli Institutional Area - New Delhi 110016 India - Tél. : +91 11.69.60.767 - Fax : 68.66.238. - e-mail : kibi@anda.vsnl.net.in

• **Accompagnement des mourants**
Documentation en ligne
Site Internet : http://www.semdrel.org

Association SEMDREL - Côte de Jor - 24290 Saint-Léon-sur-Vézère - Tél. : (33) 05.53.50.81.19 - Fax : (33) 05.53.50.80.54 - e.mail : semdrel@dhagpo-kagyu.org

• **Vidéocassettes**
– *Le 17e Gyalwa Karmapa - Ses années de jeunesse* (Vienna Dharma Vidéos 1999)

- *The 17th Gyalwa Karmapa, Trinley Thaye Dorje - A Diary of First Travels* (Vienna Dharma Vidéos 2000)
- *Un hommage à Lama Guendune Rinpoche* (Congrégations KDC et KTL)
- *International Karma Kagyil Conference* - 2 volumes (Vienna Dharma Vidéos 1996)

• Livres et vidéos disponibles
Dzambala - Côte de Jor - 24290 Saint-Léon-sur-Vézère
Tél. : (33) 05.53.50.70.76

Direction littéraire
Huguette Maure

Assistée de
Marie Dreyfuss

CRÉDIT PHOTOGRAPHIQUE

Congrégation K.D.C. : p. 1 haut
Thule G. Jug : p. 1 bas ; p. 2 ; p. 3 haut
Bernard Boulanger : p. 3 bas
Alain Robert / GAMMA : pp. 4, 5, 6, 7, 8

Impression réalisée sur CAMERON par

BRODARD & TAUPIN

GROUPE CPI

La Flèche

pour le compte des Éditions Michel Lafon
en janvier 2001

Imprimé en France
Dépôt légal : février 2001
N° d'impression : 5830
ISBN : 2-84098-638-8
LAF 139